JN083351

英語の処理を自動化する
Great Training

英文読解 Gトレ 標準レベル

今井康人 著
立命館中学校・高等学校 教諭

英語の超人になる！
アルク学参シリーズ

大学受験のために必死で勉強する、これは素晴らしい経験です。しかし、単に大学に合格さえすればよいのでしょうか？　現在の日本に必要なのは、世界中の人々とコミュニケーションを取り、国際規模で活躍できる人材です。総理大臣になってアメリカ大統領と英語で会談したり、ノーベル賞を受賞して英語で受賞スピーチを行ったり、そんなグローバルな「地球人」こそ求められているのです。アルクは、大学受験英語を越えた、地球規模で活躍できる人材育成のために、英語の学習参考書シリーズを刊行しています。

英語は誰でも
できるようになる

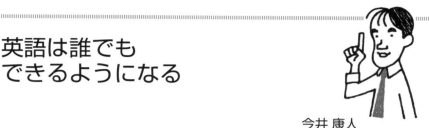

今井 康人
立命館中学校・高等学校教諭

　私は 1983 年から日本の高等学校で英語を教えており、音読を中心にした授業を行ってきました。1 つの英文を何度も読み、いろいろなタイプのタスク（課題）をこなすことで、英語力を大きく伸ばしていく生徒をこれまで数多く見てきました。習得した英語を使い、自分の意見を言えるようになっていく生徒を見て、日本人の潜在能力の高さを痛感しています。こうした経験から、適切な目標を設定し、正しい勉強法で学べば、「英語は誰でもできるようになる」と考えています。

　大学入試に向けて、また大学や社会での実践を見据えて着実な英語力をつける第 1 歩として、本書では、平易で美しい英文をあなたの頭の中に取り込んで、瞬時に英語を理解したり、発信したりできるまで「英語を自動化」していきます。「知っている英語」を「使える英語」に変えていくのです。

　知っている英語と使える英語の間には大きな壁があります。たとえば、I tried desperately to communicate in English when I was traveling in Canada.（私はカナダを旅行したとき、必死に英語で意思を伝えようとした）という英文は、読んで理解した時点で「知っている英語」になります。しかし、desperately（必死で）という単語を知っていても、それを発信する際に使える人は多くないのではないでしょうか。しっか

り言えるようになるには、内容を理解した後に何度も言う練習をすること、つまり音読が有効です。集中して音読を行い、英文が言えるようになったら、最後は書いてみるのです。何も見ずにこの英文を言ったり書いたりでき、さらに主語を変えても正確な英文が言えれば、この英文は自由自在に使えるレベルにまで達しています。これが、「英語が自動化された状態」です。

　今までの英語学習方法で成果が出なかった人こそ、本書で学んでほしいのです。英文をしっかりと理解しながら自分の体内にどんどん入れていく。学習終了後、何も見なくても英文が言えるようになった自分をあなたはどう思うでしょうか。苦もなく英語が言える自分に、自信を持ち、感動さえ覚えるのではないでしょうか。そしてもちろん、「英語の自動化」は、受験に向けての実力の養成にも大いに威力を発揮します。

　本書は 2011 年に刊行された「英語を自動化するトレーニング 基礎編」の改訂版となります。「英語を自動化するトレーニング」は、高校の先生を中心に「ジートレ」の愛称で親しまれていたこともあり、改訂にあたり、Great Training を含意し、「G トレ」を呼称としました。「G トレ」が多くの方々の英語力向上のきっかけになることを心から願っています。

CONTENTS

Part 1 "Just Have Fun!"
英語でジョークを楽しもう

Part 2 "My Little Dog, Clipper"
心温まるストーリーを読む

Part 3 "My Japan, Your Japan"
エッセイを読む

Part 4 "Mara YamauchiÐ The Running Diplomat"
人物伝を読む

本書の音声について
以下の2つの方法で音声をダウンロードすることができます。

1. パソコンからダウンロード
①アルクのダウンロードセンター
（https://www.alc.co.jp/dl/）にアクセス
②「ダウンロードのお申し込みはこちら」を
クリック
③書籍名または商品コードを検索（7020053）

2. 「語学のオトモ ALCO」からダウンロード
① App Store, Google Play からアプリ
「語学のオトモ ALCO」をダウンロード
② ALCO にログインし、
「ダウンロードセンター」へアクセス
③書籍名または商品コードを検索（7020053）

英文読解Gトレ　標準レベルとは

どうやって学習するの？

1つの英文を5つのラウンドに分けて様々な角度から学習していきます。150語前後の英文を何度も音読しながら、同じ英文を使ったさまざまなタスクを解きます。まずは、英文に含まれる語彙、文法を徹底的にインプットした後、暗唱できるくらいまで何度も英文を音読します。最後は、学習した英文を元に、自分の考えや意見を書いたり、話したりするトレーニングをします。タスクは少しずつ難易度が上がる構成なので、無理なく英語力を伸ばしていくことができます。

4技能統合型トレーニングとは？

読むだけ、聞くだけなど偏った学習をしていてはその部分の技能しか伸ばすことができません。一方でGトレのような4技能統合型であれば「4技能をバランスよく伸ばす」ことができます。また、「英語の文書を読んで発表する」「英語を聞き取り、質問に答える」など複数の技能にわたった活動は、大学入試はもちろんのこと、大学入学後や仕事の場面など、実際の言語の使用場面に近いため、効率よく学んだことを生かすことができます。ちなみにGトレは「Great Training for 4 English skills」の略で、Gには「Global（広範囲にわたる）」「Growth（成長する）」「Grit（根気ある）」などの意味も含まれています。

発信力を伸ばせるトレーニングとは？

英語を発信するには、まず「知っている英語を増やす」ことが大切です。本書のように同じ英文を何度も繰り返すことは、「知っている英語」を増やし、「使える英語」に変えることに繋がります。入試の英文でも、英文の基本となる要素は、中学や高校で習った基本的な英文の中に潜んでいます。まずは本書に出てくる基本的な英語を正しく使い、自分の考えを述べることを目指して学習を進めてゆきましょう。標準レベルでは「英検準2級から2級レベルの英語を使って自在に発信できるようになること」を目指します。

4技能をバランス良く伸ばす
5つのラウンド

Round ① Vocabulary & Useful Expressions 🎧✒✏📖
（所要時間：5分）

語彙・文法をインプット
語彙を増やすことは受信面、発信面どちらにも役立つ土台となります。
まずは長文に登場する重要語句・表現をチェックしましょう。

ⓐは語句と定義を一致させる問題、
ⓑはカッコに当てはまる表現を選ぶ問題です。

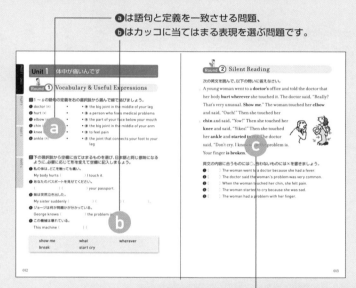

ⓒ正誤問題：英文の内容に合うものには〇、合わな
いものには×を記入します。

Round ② Silent Reading 🎧📖

（所要時間：10分）

英文を黙読する
最初は本文を見ずに、音声を聞いて正誤問題に答えましょう。答え合
わせ後、本文を黙読しながら間違った理由をしっかり確認します。

ポイント

本文を読まずに音声だけを聞いて正誤問題を解くことは、難易度が高くなる
分、自分の弱点を見つける良い機会にもなります。語彙、文法のインプットは、
今後のすべての活動に繋がる土台です。意味、スペリング、発音など、細部
まで含めて徹底的に理解するつもりで取り組みましょう！

（所要時間：15分）

音読で英文を頭に取り込む

誌面で案内されている 6 つのステップに従い、音読をします。英文が
頭に入ったと思うまで音読しましょう。

ⓔ発音のポイント：英文の中で
特に発音に気をつけるべき部分
を解説してあります。音声の後
についてリピートしましょう。

ⓓスラッシュ音読：音声を流して、英文を音読します。
各ステップの後ろには音読の目安となる回数がカッコ内
に記載されていますが、回数にこだわり過ぎず、それぞ
れのステップが完璧になったと思うまで行ってくださ
い。自分が納得するまで音読しましょう。この音読が英
語力向上の鍵となります。

ポイント

スラッシュごとの訳を確認することで、より細かい部分まで英文を理解でき
るようになります。英語だけでなく、日本語のスラッシュ音声が収録されて
いるのは本書の特徴の 1 つです。日本語を聞いて瞬時に英語に直せるように
なることで、スピーキング力、ライティング力といった発信力を伸ばせます。
ぜひトレーニングに役立ててください。

Round ④ Review Exercises 🎧 ✏ ✏ 📖

（所要時間：15分）

4技能をフル活用して英文の理解度・定着度を確認

複数の技能を使用する4つのタスクを通じて、これまで学習した英文の理解度、定着度を確認します。

❶音読：音声を聞き、内容を思い出しながら、※2種類の音読をします。

❶誤文訂正：文法やスペリングなど間違いが含まれた英文を読み、どこが間違っているかどうかを指摘します。

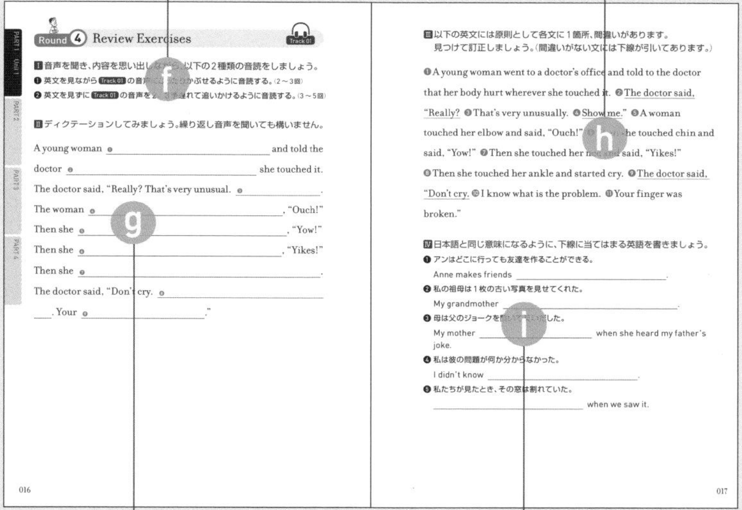

（見開きページの縮小図）

❸ディクテーション：音声を聞いて、聞こえてきた英語を書き取ります。

❶部分英作文：英文に出てきた重要表現を使い、日本語に当てはまるように英文を作ります。

※2種類の音読

❶英文を見ながら、音声にぴったりかぶせるように音読（オーバーラッピング）

❷英文を見ずに、音声を2、3語遅れて追いかけるように音読（シャドーイング）

|ポイント

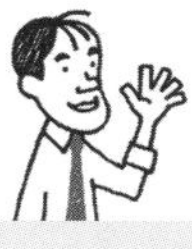

音読の際は、ただ読み上げるのではなく、しっかりと音声を聞いて、リズム、スピードを意識しながら読むことで、リスニング力、スピーキング力を伸ばしてゆくことができます。ディクテーションでは、文字と音の違いに気が付くことでライティングはもちろん、リスニングの力も伸ばしてゆくことができます。

Round ⑤ Speaking & Writing 🖋🖋

（所要時間：15分）

英作文、Q&A、要約などで英語の発信力を鍛える

空欄に当てはまる表現を考えてみましょう。解答は一つではありません。自由に表現してみましょう。この活動をバックトランスレーションと言います。とても効果的です。

k Q&A：英文の内容についての質問に英語で答えましょう。

[ページのプレビュー画像]

j 発信：日本語を参考に、下線部を埋めながら音読します。

l まとめ：英文を要約する、キーワードを参考に英文を再構成するなど、それぞれのUnitごとに異なるタスクが設定されています。

Final Exercise

各Partの最後のページには、総まとめタスクがあります。タスクの内容は、Partごとにだんだんと高度なものになっていき、Part 3、Part 4では学習した英文を元に、新たな英文を書くタスクが課せられています。別冊の模範解答には高校生が作成した英文（一部を修正）を掲載しているので、参考にして表現の幅を広げてみましょう。

ここまでこなせば、自分の頭で考えて、発信することがぐっと身近になるはずです！ この発信力がとても重要です。英語を使えるように頑張りましょう。

Part 1

Enjoy English Jokes
"Just Have Fun!"
英語でジョークを楽しもう

さあ、学習スタート！ 英語は、机にかじりついて英文を黙読しているだけでは上達しないよ。何を伝えようとしているのか考えながら英文を読み、内容を理解したら、人に伝えるつもりで音読を繰り返すことが大事なんだ。その点、ジョークは持ってこいの学習素材だ。なぜなら、英語のジョークを覚えて人に話してみると、英語の勉強になるだけでなく、周りのみんなも楽しませることができるからね。英語でジョークを楽しもう！

ジョークには、最後に punch line（オチ）があるものが多い。punch line を時にはさらっと、時には感情を込めて読むことで、ジョークの面白さを表現することができるよ。

Unit 1　体中が痛いんです

Round 1 Vocabulary & Useful Expressions

I 1 〜 6の語句の定義を右の選択肢から選んで線で結びましょう。

❶ doctor〔n〕 　　　　•　　　　• ⓐ the big joint in the middle of your leg

❷ hurt〔v〕 　　　　•　　　　• ⓑ a person who fixes medical problems

❸ elbow〔n〕 　　　　•　　　　• ⓒ the part of your face below your mouth

❹ chin〔n〕 　　　　•　　　　• ⓓ the big joint in the middle of your arm

❺ knee〔n〕 　　　　•　　　　• ⓔ to feel pain

❻ ankle〔n〕 　　　　•　　　　• ⓕ the joint that connects your foot to your leg

II 下の選択肢から空欄に当てはまるものを選び、日本語と同じ意味になるように、必要に応じて形を変えて空欄に記入しましょう。

❶ 私の体は、どこを触っても痛い。

My body hurts （　　　　　　　） I touch it.

❷ あなたのパスポートを見せてください。

（　　　　　　） （　　　　　　　　） your passport.

❸ 妹は突然泣き出した。

My sister suddenly （　　　　　） （　　　　　　） （　　　　　　）.

❹ ジョージは何が問題かが分かっている。

George knows （　　　　　　） the problem is.

❺ この機械は壊れている。

This machine （　　　　　） （　　　　　）.

show me	what	wherever
break	start cry	

次の英文を読んで、以下の問いに答えなさい。

1 A young woman went to a **doctor's** office and told the doctor that her body **hurt wherever** she touched it. The doctor said, "Really? That's very unusual. **Show me**." The woman touched her **elbow** and said, "Ouch!" Then she touched her

5 **chin** and said, "Yow!" Then she touched her **knee** and said, "Yikes!" Then she touched her **ankle** and **started to cry**. The doctor said, "Don't cry. I know **what** the problem is. Your finger **is broken**."

英文の内容に合うものには○、合わないものには×を書きましょう。

❶ [   ] The woman went to a doctor because she had a fever.

❷ [   ] The doctor said the woman's problem was very common.

❸ [   ] When the woman touched her chin, she felt pain.

❹ [   ] The woman started to cry because she was sad.

❺ [   ] The woman had a problem with her finger.

Round ③ Oral Reading

Track 01-04

以下のステップに従い、英文が頭に入ったと思うまで音読しましょう。

❶ Track 01 を通して聞き、大まかな内容や英語の流れを把握する。(1〜2回)
❷ Track 02 を聞き、右ページの「発音のポイント」を確認する。(1〜2回)
❸ Track 03 でフレーズごとに区切られた英語を聞き、対応する日本語を確認する。(1〜2回)
❹ Track 03 でフレーズごとに区切られた英語を聞き、その後英語をリピートする。(2〜3回)
❺ Track 04 で日本語を聞き、対応する英語をテキストを見ながら音読する。(2〜3回)
❻ Track 04 で日本語を聞き、対応する英語をテキストを見ずに音読する。(3〜5回)

A young woman went to [1] a doctor's office /

and told the doctor /

that her body hurt /

wherever she touched it. //

The doctor said, /

"Really? /

That's very unusual. /

Show me." //

The woman touched her [2] elbow /

and said, "Ouch!" //

Then / she touched her chin /

and said, "Yow!" //

Then / she touched her knee /

and said, "Yikes!" //

Then / she touched her ankle /

and started to cry. //

The doctor said, /

"Don't cry. //

I know what the problem is. //

Your finger is broken." //

発音のポイント　Let's Repeat!

1 went to ──────────→「ウエントゥ」

t, d, b, p, k, gのように、空気の流れをいったん止めた後、一気に吐き出すときに出る音を「破裂音」という。ここでのように、破裂音が2つ重なると前の破裂音が消え、「ウエントゥ」のように発音される。

2 touched her ──────────→「タチタァ」

herのhの音が、前の単語とつながって発音され、はっきり聞こえない。

若い女性が診療所に行きました /

そして医者に言いました /

彼女の体が痛むと /

彼女が触ったところはどこでも。//

医者は言いました /

「本当ですか？ /

それはとても珍しい。/

見せてください」。//

女性は肘に触りました /

そして「いたっ」と言いました。//

それから / 彼女は顎に触りました /

そして「ううっ」と言いました。//

それから / 彼女は膝に触りました /

そして「ギャー」と言いました。//

それから / 彼女はくるぶしに触りました /

そして泣き出しました。//

医者は言いました /

「泣かないでください。//

何が問題かは分かっています。//

あなたの指が折れているんです」。//

 Round **4** Review Exercises

 Track 01

Ⅰ 音声を聞き、内容を思い出しながら、以下の2種類の音読をしましょう。

❶ 英文を見ながら Track 01 の音声にぴったりかぶせるように音読する。(2～3回)

❷ 英文を見ずに Track 01 の音声を2、3語遅れて追いかけるように音読する。(3～5回)

Ⅱ ディクテーションしてみましょう。繰り返し音声を聞いても構いません。

A young woman ❶_____ and told the

doctor ❷_____ she touched it.

The doctor said, "Really? That's very unusual. ❸_____.

The woman ❹_____, "Ouch!"

Then she ❺_____, "Yow!"

Then she ❻_____, "Yikes!"

Then she ❼_____.

The doctor said, "Don't cry. ❽_____

_____. Your ❾_____."

Ⅲ 以下の英文には原則として各文に1箇所、間違いがあります。
見つけて訂正しましょう。（間違いがない文には下線が引いてあります。）

❶ A young woman went to a doctor's office and told to the doctor that her body hurt wherever she touched it. ❷ <u>The doctor said, "Really?</u> ❸ That's very unusually. ❹ <u>Show me."</u> ❺ A woman touched her elbow and said, "Ouch!" ❻ Then she touched chin and said, "Yow!" ❼ Then she touched her nee and said, "Yikes!" ❽ Then she touched her ankle and started cry. ❾ <u>The doctor said, "Don't cry.</u> ❿ I know what is the problem. ⓫ Your finger was broken."

Ⅳ 日本語と同じ意味になるように、下線に当てはまる英語を書きましょう。
❶ アンはどこに行っても友達を作ることができる。
Anne makes friends _____.
❷ 私の祖母は1枚の古い写真を見せてくれた。
My grandmother _____.
❸ 母は父のジョークを聞いて笑い出した。
My mother _____ when she heard my father's joke.
❹ 私は彼の問題が何か分からなかった。
I didn't know _____.
❺ 私たちが見たとき、その窓は割れていた。
_____ when we saw it.

Round **5** Speaking & Writing

Ⅰ 日本語を参考に、下線部を埋めながら音読しましょう。

若い女性が診療所へ行き、医者に、体中触ったところが痛むと言いました。

A young woman ＿＿＿＿＿＿＿ and ＿＿＿＿＿＿＿＿＿＿.

医者は、「本当ですか？ それはとても珍しいですね。見せてください」と言いました。

The doctor said "＿＿＿＿＿＿＿＿＿＿＿＿＿＿＿."

女性は肘に触り、「いたっ」と言いました。

The woman ＿＿＿＿＿＿＿＿＿＿＿, "Ouch!"

それから彼女は顎に触り、「ううっ」と言いました。

Then she ＿＿＿＿＿＿＿＿＿＿＿, "Yow!"

それから彼女は膝に触り、「ギャー」と言いました。

Then she ＿＿＿＿＿＿＿＿＿＿＿, "Yikes!"

それから彼女はくるぶしに触り、泣き出しました。

Then she ＿＿＿＿＿＿＿＿＿＿＿.

医者は言いました。「泣かないでください。問題は分かっています。あなたの指が折れているんです」。

The doctor said, "＿＿＿＿＿＿＿＿＿. Your ＿＿＿＿＿."

Ⅱ このUnitのジョークに関する質問に英語で答えましょう。

❶ Why did the woman go to a doctor's office?

Because her body _____.

❷ What was her real problem?

Her _____.

Ⅲ ジョークを覚えて、英語で言ってみましょう。以下のヒントを参照しても構いません。（慣れてきたら、 Track 05 をかけながら行います。音声の合図で始めて、笑い声が聞こえる前に全部言い終えるように頑張りましょう。）

☐ a young woman   ☐ doctor's office   ☐ tell the doctor

☐ body   ☐ hurt   ☐ touch

☐ the doctor   ☐ unusual   ☐ show me

☐ elbow   ☐ "Ouch!"   ☐ chin

☐ "Yow!"   ☐ knee   ☐ "Yikes!"

☐ ankle   ☐ start to cry   ☐ problem

☐ finger   ☐ be broken

Unit 2　ペンギンを乗せてはいけません

Round 1　Vocabulary & Useful Expressions

I 1 〜 6の語句の定義を右の選択肢から選んで線で結びましょう。

❶ road〔n〕　・

❷ penguin〔n〕　・

❸ (police) officer　・

❹ zoo〔n〕　・

❺ agree〔v〕　・

❻ reply〔v〕　・

・ⓐ a black and white bird which cannot fly and lives around the South Pole

・ⓑ to answer

・ⓒ a place where various animals are kept for visitors to come and look at them

・ⓓ a special track built for cars to drive on

・ⓔ a policeman or policewoman

・ⓕ to say yes

II 下の選択肢から空欄に当てはまるものを選び、日本語と同じ意味になるように、必要に応じて形を変えて空欄に記入しましょう。

❶ 酒を飲んだ後は運転してはいけない。

You (　　　　　) (　　　　　　) after you drink alcohol.

❷ 先生は生徒たちを体育館に連れていった。

The teacher (　　　　) the students (　　　　　) the gym.

❸ ケイトはその教室の後ろに座っていた。

Kate was sitting in the (　　　　) (　　　　) the classroom.

❹ 母は私に宿題をするように言った。

My mother (　　　　) me (　　　　) do my homework.

❺ 今、スーは英語のスピーキングテストを受けているところだ。

Sue (　　　　) (　　　　　) an English speaking test now.

| take | take to | should drive |
| back of | tell to | |

次の英文を読んで、以下の問いに答えなさい。

1 A man was driving down the **road** with 20 **penguins** in the back
seat of his car. A **police officer** stopped him and said that he
shouldn't drive around with penguins in his car and he should
take them **to the zoo**. The man **agreed** and drove away. The next

5 day, the same man was driving down the road with 20 penguins in
the **back of** his car again. He was stopped by
the same police officer. The officer said,
"Hey! I thought I **told** you **to** take those
penguins to the zoo." The man **replied**, "I

10 did. Today I'**m taking** them to a movie."

英文の内容に合うものには○、合わないものには×を書きましょう。

❶ [   ] 20 penguins were carried in a car.

❷ [   ] The police officer told the man to take the penguins to the zoo.

❸ [   ] The man did not agree with the police officer's idea.

❹ [   ] The next day, the same man was driving down the road with
a dozen penguins.

❺ [   ] The police officer should be happy because the man took the
penguins to the zoo.

Round ③ Oral Reading

Track 06-09

以下のステップに従い、英文が頭に入ったと思うまで音読しましょう。

❶ Track 06 を通して聞き、大まかな内容や英語の流れを把握する。(1 〜 2回)

❷ Track 07 を聞き、右ページの「発音のポイント」を確認する。(1 〜 2回)

❸ Track 08 でフレーズごとに区切られた英語を聞き、対応する日本語を確認する。(1 〜 2回)

❹ Track 08 でフレーズごとに区切られた英語を聞き、その後英語をリピートする。(2 〜 3回)

❺ Track 09 で日本語を聞き、対応する英語をテキストを見ながら音読する。(2 〜 3回)

❻ Track 09 で日本語を聞き、対応する英語をテキストを見ずに音読する。(3 〜 5回)

A man was driving down the road /

with 20 penguins /

in the back seat of his car. //

A police officer stopped him / and said /

that he shouldn't drive around [1] /

with penguins in his car /

and he should take them to the zoo. //

The man agreed /

and drove away. //

The next day, /

the same man was driving down the road /

with 20 penguins /

in the back of his car / again. //

He was stopped /

by the same police officer. //

The officer said, /

"Hey! / I thought /

I told you [2] to take those penguins to the zoo." //

The man replied, /

"I did. / Today I'm taking them to a movie." //

発音のポイント　Let's Repeat!

1 drive around ──────→ 「ヂュライヴァラウンD」

drive aroundのように、前の語の語尾に子音があり、次の語の語頭に母音がある場合、その2つの音がくっついて発音される。drove awayも同じ。

2 told you ──────→ 「トールヂュ」

語尾のdの音と語頭のyの音はくっつき、「ヂュ」のような音になる。

ある男が道路を車で走っていました /

20羽のペンギンと一緒に /

彼の車の後部座席に乗せて。 //

1人の警察官が彼を止めました / そして言いました /

彼が車を乗り回すべきではないと /

彼の車にペンギンを乗せて /

そして彼はペンギンを動物園に連れていくべきだと。 //

男は同意しました /

そして走り去りました。 //

その翌日、 /

同じ男が道路を車で走っていました /

20羽のペンギンと一緒に //

彼の車の後ろに乗せて / 再び。 //

彼は止められました /

同じ警察官に。 //

警察官は言いました /

「おい! / このように思ったが /

私はそのペンギンを動物園に連れていくように言ったと」。 //

男は答えました /

「そうしましたよ。 / 今日は映画に連れていくところなんです」。 //

Round **4** Review Exercises

Track 06

I 音声を聞き、内容を思い出しながら、以下の2種類の音読をしましょう。

❶ 英文を見ながら **Track 06** の音声にぴったりかぶせるように音読する。(2〜3回)

❷ 英文を見ずに **Track 06** の音声を2、3語遅れて追いかけるように音読する。(3〜5回)

II ディクテーションしてみましょう。繰り返し音声を聞いても構いません。

A man was ❶＿＿＿＿＿＿＿＿＿＿＿＿＿＿＿＿ with 20 penguins

❷＿＿＿＿＿＿＿＿＿＿＿＿＿＿＿＿ . A police officer stopped

him and said that ❸＿＿＿＿＿＿＿＿＿＿＿＿＿＿＿

with penguins in his car and ❹＿＿＿＿＿＿＿＿＿＿

＿＿＿＿＿＿ . The man ❺＿＿＿＿＿＿＿＿＿＿＿＿ .

The next day, the same man was driving down the road ❻＿＿＿＿

＿＿＿＿＿＿＿＿＿＿＿＿＿＿＿＿＿＿＿ again.

He was stopped by the same police officer. The officer said, "Hey!

I thought ❼＿＿＿＿＿＿＿＿＿＿＿＿＿＿＿ to

the zoo." The man replied, "I did. Today ❽＿＿＿＿＿＿＿

＿＿＿＿＿＿ .

Ⅲ 以下の英文には原則として各文に１箇所、間違いがあります。
　見つけて訂正しましょう。（間違いがない文には下線が引いてあります。）

❶A man was driving down the road with 20 penguin in the back seat of his car. ❷A police officer stopped him and said that he shouldn't drive around with penguins in his car and he should take them the zoo. ❸A man agreed and drove away. ❹The next day, the same man was driving down the road with 20 penguins in the back of car again. ❺He was stopping by the same police officer. ❻<u>The officer said, "Hey!</u> ❼I thought I told you taking those penguins to the zoo." ❽The man replied, "I do. ❾<u>Today I'm taking them to a movie."</u>

Ⅳ 日本語と同じ意味になるように、下線に当てはまる英語を書きましょう。
❶ 砂糖を取り過ぎてはいけません。
　You _____ too much sugar.
❷ 今夜のパーティーにこのケーキを持っていこうと思っています。
　I'll _____ tonight.
❸ その老人は、映画館の後ろに座っていた。
　The old man _____ the movie theater.
❹ 上司は私に報告書を書くように言った。
　My boss _____ a report.
❺ 私は興味深い小説を読んでいる。
　I _____ novel.

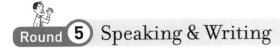

Round 5 Speaking & Writing

■ 日本語を参考に、下線部を埋めながら音読しましょう。

1人の男が、20羽のペンギンを車の後部座席に乗せて、道路を走っていました。

A man was driving down the road _____.

警察官が彼を止めて、ペンギンを車に乗せて走ってはいけない、動物園に連れていくように、と言いました。

A police officer stopped him and said that _____

_____ and _____.

男は同意し、走り去りました。

The man _____.

その翌日、同じ男が再び20羽のペンギンを車の後ろに乗せて、道路を走っていました。

The next day, the same man _____ again.

彼は同じ警察官に呼び止められました。

He was _____.

警察官は言いました。「おい！ 私はそのペンギンを動物園に連れていくように言ったはずだが」。

The officer said, "Hey! I thought _____."

男は答えました。「そうしましたよ。今日は、映画に連れていくところなんです」。

The man replied, "I did. _____."

Ⅱ このUnitのジョークに関する質問に英語で答えましょう。

❶ What did the police officer say to the man on the first day?

The police officer said that _____

_____

_____ .

❷ Why did the police officer stop the man the next day?

Because _____

_____

_____ .

Ⅲ ジョークを覚えて、英語で言ってみましょう。以下のヒントを参照しても
構いません。(慣れてきたら、 Track 10 をかけながら行います。音声の合図
で始めて、笑い声が聞こえる前に全部言い終えるように頑張りましょう。)

☐ a man   ☐ driving down the road
☐ 20 penguins   ☐ back seat   ☐ car
☐ a police officer ☐ shouldn't drive   ☐ take them to the zoo
☐ agree   ☐ drive away   ☐ the next day
☐ the same man   ☐ driving down the road
☐ 20 penguins   ☐ back of   ☐ again
☐ stop   ☐ the same police officer
☐ tell you   ☐ take penguins to the zoo
☐ the man   ☐ reply   ☐ movie

Unit 3　おじいさんの知恵

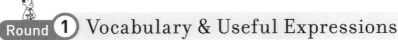

Round 1 Vocabulary & Useful Expressions

Ⅰ 1 ～ 6の語句の定義を右の選択肢から選んで線で結びましょう。

❶ retire 〔v〕　　　　　　•　　　• ⓐ a sound people do not want to hear

❷ move 〔v〕　　　　　　•　　　• ⓑ to use something in a bad way

❸ vacation 〔n〕　　　　•　　　• ⓒ to change the place where you live

❹ nearby 〔adj〕　　　　•　　　• ⓓ to stop working when a person gets old

❺ noise 〔n〕　　　　　•　　　• ⓔ the time when students do not have school

❻ waste 〔v〕　　　　　•　　　• ⓕ not far away

Ⅱ 下の選択肢から空欄に当てはまるものを選び、日本語と同じ意味になるように、必要に応じて形を変えて空欄に記入しましょう。

❶ 私の家は公立図書館の隣にある。

　　My house is（　　　　　　）（　　　　　　　　　） the public library.

❷ 3週間後、ケンタは北海道に旅立った。

　　Three（　　　　　　）（　　　　　　　　　）, Kenta left for Hokkaido.

❸ 私はこの歌を聞くと、祖母を思い出す。

　　This song（　　　　　　） me（　　　　　　　） my grandmother.

❹ 私の友人のうちの1人は、ロンドンに住んでいます。

　　（　　　　　　　）（　　　　　　　　　） my friends lives in London.

❺ 私たちは今週末に映画を見に行こうと思っています。

　　We（　　　　　　）（　　　　　　　）（　　　　　　　　） see a movie this weekend.

week later	be going to	remind of
one of	next to	

次の英文を読んで、以下の問いに答えなさい。

1 An old man **retired** from his job and **moved** to a small house **next to** a quiet park. **A week later**, summer **vacation** ended and the new school year started at a **nearby** high school. After school, three students went to the park. They laughed and joked and made a lot

5 of **noise**. The old man went to them and said, "You **remind** me **of** when I was young. I'll give you each $5 every week if you'll come to the park every day." The boys were happy and took the money. The next week, the old man went to the boys and said, "I'm sorry. I don't have much money this week. All I can

10 give you is a quarter." **One of** the boys said, "What? Only a quarter? We**'re** not **going to waste** our time here for only a quarter!" The boys went away and the park was quiet again.

英文の内容に合うものには○、合わないものには×を書きましょう。

❶ [   ] The old man moved to a small house after he retired.

❷ [   ] Three high school students laughed and joked, so the old man had fun.

❸ [   ] The old man promised to give the boys $5 each every day.

❹ [   ] The old man was unhappy because the boys went away.

 Round **3** Oral Reading

以下のステップに従い、英文が頭に入ったと思うまで音読しましょう。

❶ Track 11 を通して聞き、大まかな内容や英語の流れを把握する。(1〜2回)
❷ Track 12 を聞き、右ページの「発音のポイント」を確認する。(1〜2回)
❸ Track 13 でフレーズごとに区切られた英語を聞き、対応する日本語を確認する。(1〜2回)
❹ Track 13 でフレーズごとに区切られた英語を聞き、その後英語をリピートする。(2〜3回)
❺ Track 14 で日本語を聞き、対応する英語をテキストを見ながら音読する。(2〜3回)
❻ Track 14 で日本語を聞き、対応する英語をテキストを見ずに音読する。(3〜5回)

An old man retired from his job /

and moved to a small house / next to a quiet park. //

A week later, / summer vacation ended /

and the new school year started / at a nearby high school. //

After school, / three students went to the park. //

They laughed and joked / and made a lot of noise. //

The old man went to them / and said, /

"You remind me of when I ■ was young. //

I'll give you ◢ each $5 / every week /

if you'll come to the park / every day." //

The boys were happy / and took the money. //

The next week, / the old man went to the boys / and said, /

"I'm sorry. /

I don't have much money / this week. //

All I can give you is a quarter." //

One of the boys said, /

"What? // Only a quarter? //

We're not going to waste our time / here /

for only a quarter!" //

The boys went away /

and the park was quiet again. //

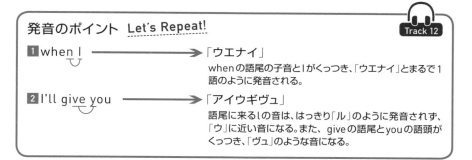

1 when I ────────→ 「ウエナイ」

whenの語尾の子音とIがくっつき、「ウエナイ」とまるで1語のように発音される。

2 I'll give you ────────→ 「アイウギヴュ」

語尾に来るlの音は、はっきり「ル」のように発音されず、「ウ」に近い音になる。また、giveの語尾とyouの語頭がくっつき、「ヴュ」のような音になる。

ある老人が仕事を退職しました /

そして小さな家に引っ越しました / 静かな公園の隣にある。//

1週間後、/ 夏休みが終わりました /

そして新学年が始まりました / 近くの高校で。//

放課後 / 3人の生徒が公園へ行きました。//

彼らは笑い、ジョークを言いました / そして大騒ぎをしました。//

老人は彼らの所に行きました / そして言いました /

「君たちを見ると自分の若いころを思い出すよ。//

君たちに1人5ドルあげよう / 毎週 /

もし君たちが公園に来るのなら / 毎日」。//

少年たちは喜びました / そしてお金を受け取りました。//

翌週、/ 老人は少年たちの所に行きました / そして言いました /

「すまない。/

あまりお金を持っていないんだ / 今週は。//

君たちにあげられるのは25セントだけなんだ。//

少年たちのうちの1人が言いました /

「何だって？ // たったの25セントかい？ //

俺たちは時間を無駄にするつもりはないんだ / ここで /

たった25セントのために！」。//

少年たちは立ち去りました /

そして公園はまた静かになりました。//

Round **4** Review Exercises Track 11

Ⅰ 音声を聞き、内容を思い出しながら、以下の2種類の音読をしましょう。

❶ 英文を見ながら **Track 11** の音声にぴったりかぶせるように音読する。(2〜3回)

❷ 英文を見ずに **Track 11** の音声を2、3語遅れて追いかけるように音読する。(3〜5回)

Ⅱ ディクテーションしてみましょう。繰り返し音声を聞いても構いません。

An old man ❶ _____ and moved to

❷ _____ . A week later,

❸ _____

_____ at a nearby high school. After school, three

students went to the park. They ❹ _____

_____ . The old man went to them and

said, " ❺ _____ .

I'll give you each $5 every week ❻ _____

_____ ." The boys were happy and took the money.

The next week, ❼ _____

_____ , "I'm sorry. I don't have much money this week. ❽ _____

_____ ." One of the boys said, "What?

Only a quarter? ❾ _____

_____ for only a quarter!" The boys went away and the park was

quiet again.

032

Ⅲ 以下の英文には原則として各文に１箇所、間違いがあります。
見つけて訂正しましょう。（間違いがない文には下線が引いてあります。）

❶An old man retired from his job and moved a small house next to a quiet park. ❷A week latter, summer vacation ended and the new school year started at a nearby high school. ❸After the school, three students went to the park. ❹They laughed and joked and took a lot of noise. ❺The old man went to them and said, "You remind me with when I was young. ❻<u>I'll give you each $5 every week if you'll come to the park every day."</u> ❼The boys were happy and gave the money. ❽<u>The next week, the old man went to the boys and said, "I'm sorry.</u> ❾I don't have many money this week. ❿<u>All I can give you is a quarter."</u> ⓫One of the boy said, "What? ⓬Only a quarter? ⓭<u>We're not going to waste our time here for only a quarter!"</u> ⓮The boys went away and park was quiet again.

Ⅳ 日本語と同じ意味になるように、下線に当てはまる英語を書きましょう。
❶ 私の叔母の家は小学校の隣にある。

My aunt's house ＿＿＿＿＿＿＿＿＿ an elementary school.

❷ １カ月後、私は大阪へ引っ越した。

＿＿＿＿＿＿＿＿＿＿＿＿＿＿, I moved to Osaka.

❸ 私はこの絵を見ると、故郷を思い出す。

This picture ＿＿＿＿＿＿＿＿＿＿＿＿＿＿＿＿＿.

❹ 私のクラスメートのうちの１人が、ハーバード大学へ入学した。

＿＿＿＿＿＿＿＿＿＿＿＿＿＿ entered Harvard University.

❺ 私はカレーライスを作ろうと思っています。

＿＿＿＿＿＿＿＿＿＿＿＿ curry and rice.

Round ⑤ Speaking & Writing

■ 日本語を参考に、下線部を埋めながら音読しましょう。

ある老人が仕事を退職し、静かな公園の隣にある小さな家に引っ越しました。

An old man _____ and _____.

1週間後、近くの高校で、夏休みが終わり、新学年が始まりました。

A week later, _____ at a nearby high school.

放課後、3人の生徒が公園に行きました。彼らは笑い、ジョークを言い、ひどく物音を立てました。

After school, _____. They _____.

老人は彼らの所に行き、言いました。「君たちを見ていると、若かったころのことを思い出すよ。もし君たちが毎日公園に来るのなら、毎週、1人につき5ドルあげよう」。

The old man went to them and said, " _____.

I'll give you _____ if you'll _____."

少年たちは喜び、お金を受け取りました。

The boys _____.

翌週、老人は少年たちの所に行き、言いました。「すまない。今週はあまりお金を持っていないんだ。君たちにあげられるのは25セントだけだ」。

The next week, _____, "I'm sorry. I _____.

All _____."

少年たちのうちの1人は言いました。「何だって？ たったの25セントかい？ 俺たちはたった25セントのために、ここで時間を無駄にするつもりはないぞ！」。

One of the boys said, "What? Only a quarter? We're not _____!"

少年たちは立ち去り、公園はまた静かになりました。

The boys _____."

Ⅱ このUnitのジョークに関する質問に英語で答えましょう。

❶ What was the problem for the old man?

In the park next to his house, _____

_____.

❷ The old man felt happy at the end. Why?

Because _____

_____.

Ⅲ ジョークを覚えて、英語で言ってみましょう。以下のヒントを参照しても構いません。（慣れてきたら、 Track 15 をかけながら行います。音声の合図で始めて、笑い声が聞こえる前に全部言い終えるように頑張りましょう。）

☐ an old man	☐ retire	☐ move
☐ small house	☐ quiet park	☐ a week later
☐ summer vacation	☐ the new school year	☐ high school
☐ after school	☐ three students	☐ go to the park
☐ laugh	☐ make a noise	☐ the old man
☐ go to them	☐ remind of	☐ young
☐ give $5	☐ come every day	☐ boys
☐ happy	☐ take money	☐ the next week
☐ don't have much money		☐ a quarter
☐ waste time	☐ go away	☐ quiet again

Part 1 Final Exercise

Part 1 で学習した内容を参考に、以下の文を英語に訳してみよう。

❶ 1人のおじいさんが病院へ行き、医者に体中どこでも触ると痛いと言いました。

_____

_____

❷ 彼は脚を動かし、「いたっ」と言いました。

_____

_____

❸ 1人の子どもが3冊の本をバッグに入れて通りを歩いていました。

_____

_____

❹ 先生は、「おい！ 私はその本を図書館に返す（return）ように言ったはずだが」と言いました。

_____

_____

❺ タロウの両親は仕事を退職し、タロウのアパートの隣の小さな家に引っ越しました。

_____

_____

❻ 由美子の声を聞くと、彼女の母親が若かったころのことを思い出す。

_____

_____

Reading a Story
"My Little Dog, Clipper"
心温まるストーリーを読む

Part 2 では、3 Unit にわたって、「小犬のクリッパー」という 300 語程度のストーリーを読んでいこう。まずは内容を理解し、その後音読して頭に英文をインプットする。英文の内容をじっくり味わいながら何度も音読すると、自然と英語が頭に残っていくよ。最後は英文のあらすじを自分の言葉でアウトプットする練習にトライ。大学入試でも、英語での要約文作成が求められることもあるから、ここでその基本をしっかり練習しておこう。

ストーリーを読むときには、筆者の心情を想像しながら感情を込めて音読しよう。英語は情報伝達の道具であると同時に、人の気持ちを伝える「言葉」だということを忘れずに！

Unit 4　僕の親友クリッパー

Round 1 Vocabulary & Useful Expressions

I 1〜7の語句の定義を右の選択肢から選んで線で結びましょう。

❶ name [v] •

❷ scar [n] •

❸ adopt [v] •

❹ shelter [n] •

❺ terrified [adj] •

❻ huge [adj] •

❼ disappear [v] •

• ⓐ a mark left on your skin after you hurt yourself

• ⓑ to give a name to somebody or something

• ⓒ very big

• ⓓ very afraid

• ⓔ to become unable to be seen

• ⓕ to accept an animal or a child from outside your family as a family member

• ⓖ a place where people or animals can stay safely

II 下の選択肢から空欄に当てはまるものを選び、日本語と同じ意味になるように、必要に応じて形を変えて空欄に記入しましょう。

❶ 私はポチという名の猫を飼っている。

I have a cat (　　　　　　　) Pochi.

❷ スミス夫妻は、海外から養子を迎え入れた。

Mr. and Mrs. Smith (　　　　　　) a child (　　　　　　) overseas.

❸ タロウはお母さんを怖がっている。

Taro (　　　　) (　　　　　) (　　　　　) his mother.

❹ お母さんが入ってきたちょうどそのとき、タロウは成績表を隠した。

Taro hid his score report (　　　　) (　　　　　) his mother entered his room.

> adopt from　　　　just as　　　　be terrified of
>
> name

次の英文を読んで、以下の問いに答えなさい。

1 When I was 16, I had a dog **named** Clipper. Clipper was a black and white Boston terrier with a **scar** on one ear. We **adopted** him **from** an animal **shelter**, and he became my best friend. I took him to the park on weekends, and he loved to play catch with the Frisbee.

5 Clipper's biggest problem was that he **was terrified of** thunder. One day, my mother was coming home during a storm. She opened the front door **just as** a **huge** thunderclap* boomed.** Clipper was

10 terrified. He dashed out of the house, and **disappeared**.

* thunderclap：雷鳴
**boom：(雷などが) とどろく

英文の内容に合うものには○、合わないものには×を書きましょう。

❶ [　　] Clipper had scars on both ears.

❷ [　　] The writer got Clipper from a place where animals are protected.

❸ [　　] The writer took Clipper to the park on Saturdays and Sundays.

❹ [　　] Clipper was afraid of heavy rain.

❺ [　　] Clipper dashed out of the house because he wanted to be free.

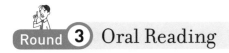

Round ③ Oral Reading

以下のステップに従い、英文が頭に入ったと思うまで音読しましょう。

❶ Track 16 を通して聞き、大まかな内容や英語の流れを把握する。(1〜2回)

❷ Track 17 を聞き、右ページの「発音のポイント」を確認する。(1〜2回)

❸ Track 18 でフレーズごとに区切られた英語を聞き、対応する日本語を確認する。(1〜2回)

❹ Track 18 でフレーズごとに区切られた英語を聞き、その後英語をリピートする。(2〜3回)

❺ Track 19 で日本語を聞き、対応する英語をテキストを見ながら音読する。(2〜3回)

❻ Track 19 で日本語を聞き、対応する英語をテキストを見ずに音読する。(3〜5回)

When I was 16, /

I had a dog named Clipper. //

Clipper was a black and white [1] Boston terrier /

with a scar on one ear. //

We adopted him /

from an animal shelter, /

and he became my best friend. //

I took him to the park /

on weekends, /

and he loved / to play [2] catch /

with the Frisbee. //

Clipper's biggest problem was /

that he was terrified of thunder. //

One day, /

my mother was coming home /

during a storm. //

She opened the front door [3] /

just as a huge thunderclap boomed. //

Clipper was terrified. //

He dashed out of the house, /

and disappeared. //

発音のポイント　Let's Repeat!

1 black and white ──────→ 「ＢラッカンワイＴ」
語尾の子音と語頭の母音がくっついて発音される。
また、andの語尾ははっきり発音されないことも多い。

2 loved to play ──────→ 「ラＶトゥ Ｐレイ」
破裂音が重なると前の破裂音が消える。

3 opened the front door ─→ 「オウプンðァ Ｆランドー」
破裂音の後に摩擦音（ðなど摩擦を伴う音）が来ると前の
破裂音が消える。

私が16歳のとき、/

クリッパーという名前の犬を飼っていました。//

クリッパーは黒と白のぶちのボストンテリア犬でした /

片方の耳に傷跡がありました。//

私たちは彼を引き取りました /

動物保護施設から /

そして彼は私の親友になりました。//

私は彼を公園に連れていきました /

毎週末に /

そして彼は大好きでした / キャッチして遊ぶのが

フリスビーで。//

クリッパーの最大の問題は /

彼が雷を怖がったことでした。//

ある日、/

私の母が家に向かっていました /

嵐の中を。//

彼女は玄関のドアを開けました /

大きな雷が鳴ったちょうどそのときに。//

クリッパーはおびえました。//

彼は家から飛び出しました /

そしていなくなりました。//

Round **4** Review Exercises

 Track 16

Ⅰ 音声を聞き、内容を思い出しながら、以下の2種類の音読をしましょう。

❶ 本文を見ながら Track 16 の音声にぴったりかぶせるように音読する。(2〜3回)

❷ 本文を見ずに Track 16 の音声を2、3語遅れて追いかけるように音読する。(3〜5回)

Ⅱ ディクテーションしてみましょう。繰り返し音声を聞いても構いません。

When I was 16, ❶ _____ Clipper. Clipper

❷ _____ Boston terrier ❸ _____

_____ . We ❹ _____

_____ , and he became my best friend.

I ❺ _____ , and

he loved to play catch with the Frisbee. Clipper's biggest problem

was ❻ _____ .

One day, my mother ❼ _____ .

She ❽ _____ a huge

thunderclap boomed. Clipper was terrified. He ❾ _____

_____ , and disappeared.

Ⅲ 以下の英文には各文に1箇所、間違いがあります。見つけて訂正しましょう。

❶ When I was 16, I had a dog name Clipper. ❷ Clipper was a black and white Boston terrier within a scar on one ear. ❸ We adopted him from an animal shelter, and he became to my best friend. ❹ I took him to the park on weekends, and he was loved to play catch with the Frisbee. ❺ Clipper's biggest problem was that he was terrified from thunder. ❻ One day, my mother coming home during a storm. ❼ She opened front door just as a huge thunderclap boomed. ❽ Clipper is terrified. ❾ He dashed out of the house, and appeared.

Ⅳ 日本語と同じ意味になるように、下線に当てはまる英語を書きましょう。
❶ ジェーンはミミという名前のウサギを飼っている。
   Jane _____ Mimi.
❷ ジェーンは友達からそのウサギを引き取った。
   Jane _____ her friend.
❸ テッドは校長先生を怖がっている。
   Ted _____.
❹ テッドがゴミを床に捨てたそのとき、校長先生が入ってきた（come in）。
   _____ Ted threw some trash on the floor.

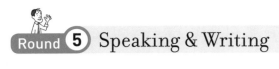

Round 5　Speaking & Writing

Ⅰ 日本語を参考に、下線部を埋めながら音読しましょう。

私は16歳のとき、クリッパーという名前の犬を飼っていました。

When _____, _____.

クリッパーは、片方の耳に傷跡がある、黒と白のぶちのボストンテリア犬でした。

Clipper was _____.

私たちは彼を動物保護施設から引き取り、彼は私の親友になりました。

We adopted him _____, and _____.

私は毎週末に彼を公園に連れていき、彼はフリスビーをキャッチして遊ぶのが大好きでした。

I took him _____, and he loved _____.

クリッパーの最大の問題は、彼が雷を怖がったことです。

Clipper's biggest problem was _____.

ある日、私の母が、嵐の中を家に向かっていました。

One day, _____.

母が玄関のドアを開けたちょうどそのとき、大きな雷がとどろきました。

She _____.

クリッパーはおびえました。

Clipper _____.

彼は家から飛び出し、いなくなりました。

He _____.

Ⅱ このUnitの英文に関する質問に英語で答えましょう。

❶ Describe Clipper.

Clipper was _____

_____ .

❷ Where did the writer get Clipper?

The writer _____ .

❸ What was Clipper's biggest problem?

Clipper was _____ .

❹ What happened when the writer's mother opened the door?

Clipper _____

_____ .

Ⅲ あらすじを完成させましょう。

When I was 16, I _____ . He was

a black and white Boston terrier and had _____ .

Clipper became _____ . On weekends, we

played _____ .

Clipper's problem was _____

_____ . One day, during a storm, a huge thunderclap boomed.

Clipper_____ . He_____

_____ .

Unit 5　クリッパーがいなくなった

Round 1 Vocabulary & Useful Expressions

■ 1 〜 4の語句の定義を右の選択肢から選んで線で結びましょう。

❶ look for　　　　•

❷ give up　　　　•

❸ promise〔v〕　　•

❹ university〔n〕　•

• ⓐ to try to find something or somebody

• ⓑ an institution where people study for a degree after finishing high school

• ⓒ to decide to stop doing something without reaching the goal

• ⓓ to say to others that you will definitely do something

■ 下の選択肢から空欄に当てはまるものを選び、日本語と同じ意味になるように、必要に応じて形を変えて空欄に記入しましょう。

❶ 私は今夜出かける予定です。

I'm going to (　　　　　　) (　　　　　　　　) tonight.

❷ 父は眼鏡を探している。

My father is (　　　　　　) (　　　　　　　　) his glasses.

❸ 紅茶をもう一杯いただけますか。

Can I have (　　　　　　) cup of tea?

❹ その宿題がとても難しかったので、私は勉強するのを諦めた。

I (　　　　　　) (　　　　　　　　) studying because the homework was very difficult.

❺ いずれにしても、また後で電話します。

I'll call you later, (　　　　　　).

another	go out	give up
look for	anyway	

次の英文を読んで、以下の問いに答えなさい。

1　We **went out** in the rain and called his name. He didn't come back. Then we drove around in the car, **looking for** him. Nothing. He didn't come home that night, nor the next, nor the next. After two weeks had passed, we **gave up**. Clipper couldn't be found.

5　My parents **promised** they would buy me **another** dog, but I said no. I didn't want another dog. I wanted Clipper. Two years later, I moved away to **university** in another city. I couldn't have taken Clipper with me,

10　**anyway**.

英文の内容に合うものには○、合わないものには×を書きましょう。

❶ [　　　] The writer and his family went looking for Clipper in the car.
❷ [　　　] They stopped searching after three weeks had passed.
❸ [　　　] The writer's parents bought a new dog.
❹ [　　　] The writer went to university in another city.
❺ [　　　] The writer missed Clipper a lot.

Round **3** Oral Reading

以下のステップに従い、英文が頭に入ったと思うまで音読しましょう。

❶ Track 20 を通して聞き、大まかな内容や英語の流れを把握する。(1 ～ 2回)
❷ Track 21 を聞き、右ページの「発音のポイント」を確認する。(1 ～ 2回)
❸ Track 22 でフレーズごとに区切られた英語を聞き、対応する日本語を確認する。(1 ～ 2回)
❹ Track 22 でフレーズごとに区切られた英語を聞き、その後英語をリピートする。(2 ～ 3回)
❺ Track 23 で日本語を聞き、対応する英語をテキストを見ながら音読する。(2 ～ 3回)
❻ Track 23 で日本語を聞き、対応する英語をテキストを見ずに音読する。(3 ～ 5回)

We went out / in the rain /

and called his name. //

He didn't come back. //

Then we drove around /

in the car, /

looking for him. //

Nothing. [1] //

He didn't come home / that night, /

nor the next, / nor the next. //

After two weeks had passed, /

we gave up. //

Clipper couldn't be found. //

My parents promised /

they would buy me another dog, /

but I [2] said no. //

I didn't want another dog. //

I wanted Clipper. //

Two years later, /

I moved away to university /

in another city. //

I couldn't have taken Clipper /

with me, / anyway. //

発音のポイント　Let's Repeat!

1 Nothing ————————→「ナッθィンG」

th の発音は、舌を上の歯につけ、思いっきり前に出して息を出す。特に単語の真ん中にある th は、発音がおろそかになりやすいので注意しよう。

2 but I ————————→「バライ」

t の音は、母音と母音に挟まれた場合など、はっきり発音されず、ラ行の音または [d] に近い音に聞こえるときがある。

私たちは外に出ました / 雨の中を /

そして彼の名前を呼びました。//

彼は戻ってきませんでした。//

それから私たちはあちこち運転して回りました /

車に乗って /

彼を探しながら。//

何も見つかりませんでした。//

彼は家に戻ってきませんでした / その夜 /

次の夜も / そのまた次の夜も。//

2週間たった後、/

私たちは諦めました。//

クリッパーは見つかることはありませんでした。//

私の両親は約束しました /

私に別の犬を買ってくれると。/

しかし私は断りました。//

私は他の犬は欲しくありませんでした。//

私はクリッパーが欲しかったのです。//

2年後、/

私は大学に行くために引っ越しました /

別の街にある。//

私はクリッパーを連れていくことはできなかったのでした /

私と一緒に / いずれにしても。//

Round **4** Review Exercises

Track 20

Ⅰ 音声を聞き、内容を思い出しながら、以下の2種類の音読をしましょう。

❶ 英文を見ながら Track 20 の音声にぴったりかぶせるように音読する。(2〜3回)

❷ 英文を見ずに Track 20 の音声を2、3語遅れて追いかけるように音読する。(3〜5回)

Ⅱ ディクテーションしてみましょう。繰り返し音声を聞いても構いません。

We went out ❶ _____ .

He didn't come back. Then we ❷ _____

_____ . Nothing. He didn't come home that

night, nor the next, nor the next. ❸ _____

_____ , we gave up. Clipper couldn't be found. My parents

promised ❹ _____ , but I

said no. I didn't want another dog. I wanted Clipper. Two years

later, I ❺ _____

_____ . I ❻ _____ Clipper with me,

anyway.

Ⅲ 以下の英文には原則として各文に1箇所、間違いがあります。
　見つけて訂正しましょう。（間違いがない文には下線が引いてあります。）

❶ We went out of the rain and called his name. ❷ <u>He didn't come back.</u> ❸ Then we drove around the car, looking for him.
❹ <u>Nothing.</u> ❺ <u>He didn't come home that night, nor the next, nor the next.</u> ❻ After two weeks had passed, and we gave up. ❼ Clipper couldn't find. ❽ My parents promised they will buy me another dog, but I said no. ❾ I didn't want the other dog. ❿ <u>I wanted Clipper.</u> ⓫ Two years later, I moved away from university in another city. ⓬ I couldn't have taken Clipper with me, anymore.

Ⅳ 日本語と同じ意味になるように、下線に当てはまる英語を書きましょう。
❶ トムは両親と一緒に夕食を食べに出かけた。
　Tom ＿＿＿＿＿＿＿＿＿＿＿＿＿＿ dinner with his parents.
❷ 私の兄はアルバイトの仕事を探している。
　＿＿＿＿＿＿＿＿＿＿＿＿＿＿＿＿ a part-time job.
❸ もう一枚紙が必要です。
　I need ＿＿＿＿＿＿＿＿＿＿＿＿＿＿＿ .
❹ 夢を諦めたら、後悔するだろう。
　＿＿＿＿＿＿＿＿＿＿＿＿＿ on your dream, you will regret it.
❺ いずれにしても、私はケイトの結婚パーティーに出席します。
　I ＿＿＿＿＿＿＿＿＿＿ Kate's wedding party, ＿＿＿＿＿＿ .

Round **5** Speaking & Writing

I 日本語を参考に、下線部を埋めながら音読しましょう。

私たちは雨の中を外に出て、彼の名前を呼びました。彼は戻ってきませんでした。

We went out _____ . He _____ .

それから私たちは彼を探して車で走り回りました。何も見つかりませんでした。

Then we _____ , _____ . Nothing.

その日の夜も、翌日の夜も、そのまた次の夜も、彼は家に戻ってきませんでした。

He didn't _____ .

2週間たった後、私たちは諦めました。クリッパーは見つかることはありませんでした。

After _____ , _____ . Clipper _____ .

私の両親は、私に別の犬を買ってくれると約束しましたが、私は断りました。

My parents promised _____ , but _____ .

私は他の犬は欲しくありませんでした。私はクリッパーが欲しかったのです。

I didn't _____ . I _____ .

2年後、私は別の街にある大学に行くために引っ越しました。

Two years later, I _____ .

私はどちらにしても、クリッパーを一緒に連れていくことはできなかったのでした。

I couldn't _____ , _____ .

Ⅱ このUnitの英文に関する質問に英語で答えましょう。

❶ What did the writer and his family do when Clipper disappeared?

They drove _____ .

❷ What did they do after two weeks had passed?

They _____ .

❸ What did the writer's parents promise to do?

They promised _____ .

❹ Two years later, what happened to the writer?

He moved _____ .

Ⅲ あらすじを完成させましょう。

We looked for Clipper on foot and by car, but _____

_____ . After two weeks had passed, _____

_____ . My parents _____

_____ , but I didn't _____

_____ . Two years later, _____

_____ . I couldn't _____

_____ .

Unit 6 ある年の夏に

Round 1 Vocabulary & Useful Expressions

I 1〜6の語句の定義を右の選択肢から選んで線で結びましょう。

❶ grass 〔n〕 •

❷ fat 〔adj〕 •

❸ notice 〔v〕 •

❹ explain 〔v〕 •

❺ hide 〔v〕 •

❻ owner 〔n〕 •

• ⓐ to become aware of something

• ⓑ the person who possesses something

• ⓒ a green soft plant which is often laid in private gardens, parks or fields

• ⓓ to tell somebody about something in detail

• ⓔ having too much weight

• ⓕ to go where you cannot be found

II 下の選択肢から空欄に当てはまるものを選び、日本語と同じ意味になるように、必要に応じて形を変えて空欄に記入しましょう。

❶ ヨウコは母親にとてもよく似ている。

Yoko (   ) a lot (   ) her mother.

❷ タカシは、双子の弟のタケシより少しだけ背が高い。

Takashi is (   ) (   ) (   ) than his twin brother, Takeshi.

❸ それは、私が探していたのとまさに同じものだ。

That is the (   ) same thing that I was looking for.

❹ 私は文化祭で先生がギターを弾いているところを見た。

At the school festival, I (   ) our teacher (   ) the guitar.

a little taller	very	look like
see play		

次の英文を読んで、以下の問いに答えなさい。

1　One summer, I went back to visit the old park. On the **grass**, a family was playing Frisbee with a dog that **looked** a *lot* **like** Clipper. He was **a little older** and a little **fatter**, but then I **noticed** the ear. It had the **very** same scar! I ran over, and the surprised

5　family **explained** that they had found him three years ago, **hiding** under their deck in the rain. They couldn't find his **owner**, so they kept him. I **watched** their young daughter **playing** happily with Clipper, and I knew that he had found a good

10　new home.

英文の内容に合うものには○、合わないものには×を書きましょう。

❶ [　　　] The writer went back to the park in winter.

❷ [　　　] A family was playing with a dog that had long ears.

❸ [　　　] Three years ago the family found Clipper.

❹ [　　　] The family had a son.

❺ [　　　] The family returned Clipper to the writer.

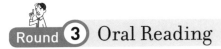 Round **3** Oral Reading

以下のステップに従い、英文が頭に入ったと思うまで音読しましょう。

❶ Track 24 を通して聞き、大まかな内容や英語の流れを把握する。(1～2回)
❷ Track 25 を聞き、右ページの「発音のポイント」を確認する。(1～2回)
❸ Track 26 でフレーズごとに区切られた英語を聞き、対応する日本語を確認する。(1～2回)
❹ Track 26 でフレーズごとに区切られた英語を聞き、その後英語をリピートする。(2～3回)
❺ Track 27 で日本語を聞き、対応する英語をテキストを見ながら音読する。(2～3回)
❻ Track 27 で日本語を聞き、対応する英語をテキストを見ずに音読する。(3～5回)

One summer, /
I went back to visit the old park. //
On the grass, [1] /
a family was playing Frisbee /
with a dog /
that looked a *lot* like Clipper. //
He was a little older and a little fatter, /
but then / I noticed the ear. //
It had the very same scar! //
I ran over, /
and the surprised family explained /
that they had found him [2] /
three years ago, /
hiding under their deck /
in the rain. //
They couldn't find his owner, /
so they kept him. //
I watched their young daughter playing happily /
with Clipper, /
and I knew /
that he had found a good new home. //

1 grass ──────────→ 「グラー S」

rの音は、gを発音した「ウ」のように唇を前に突き出した口のまま、舌全体を口の中のどこにも触れずに発音する。一方でlは、舌先を上の歯茎の裏側にしっかりと当てる。この違いに注意しよう。

cf. glass （ガラス）

2 they had found him ──────→ 「ðエイア D ファウンディム」

hの音は、前の音とくっつき、はっきり発音されないときがある。

ある年の夏、/

私はあの時の公園を再び訪れました。//

芝生の上で、/

家族連れがフリスビーをしていました /

1匹の犬と一緒に /

それはクリッパーにとてもよく似ていました。//

彼は少し年を取っていて、少し太っていました /

しかしそのとき / 私はその耳に気づきました。//

そこには全く同じ傷跡があったのです！//

私は駆け寄りました /

そして驚いた家族は説明してくれました /

彼らは彼を見つけたと /

3年前に /

彼らの家のデッキの下に隠れているのを /

雨の中で。//

彼らは彼の飼い主を見つけられませんでした /

だから彼を飼っていたのです。//

私は彼らの幼い娘が楽しそうに遊んでいるのを見ました /

クリッパーと /

そして知ったのでした /

彼は新しいすてきな家族を見つけたのだと。//

Round **4** Review Exercises

Ⅰ 音声を聞き、内容を思い出しながら、以下の２種類の音読をしましょう。

❶ 英文を見ながら Track 24 の音声にぴったりかぶせるように音読する。（2 ～ 3回）

❷ 英文を見ずに Track 24 の音声を 2、3 語遅れて追いかけるように音読する。（3 ～ 5回）

Ⅱ ディクテーションしてみましょう。繰り返し音声を聞いても構いません。

One summer, I ❶ _____ .

On the grass, a family was playing Frisbee ❷ _____

_____ Clipper. He was ❸ _____

_____ , but then I noticed the ear.

It had ❹ _____ ! I ran over, and the surprised

family explained that ❺ _____

_____ in the rain.

They couldn't find his owner, so they kept him. I ❻ _____

_____ with

Clipper, and I knew that ❼ _____

_____ .

Ⅲ 以下の英文には原則として各文に1箇所、間違いがあります。
見つけて訂正しましょう。(間違いがない文には下線が引いてあります。)

❶ One summer, I went back to visit an old park. ❷ On the grass, a family was playing Frisbee with a dog looked a *lot* like Clipper.

❸ He was a little old and a little fatter, but then I noticed the ear.

❹ <u>It had the very same scar!</u> ❺ I ran over, and the surprise family explained that they had found him three years ago, hiding under their deck in the rain. ❻ They couldn't find his owner, so they kept them. ❼ I watched their young daughter to play happily with Clipper, and I knew that he had found a good new home.

Ⅳ 日本語と同じ意味になるように、下線に当てはまる英語を書きましょう。
❶ ジョーはタカコがあの有名な女優にとてもよく似ていると思っている。
　 Joe believes that Takako _____ that famous actress.
❷ 今日は昨日より少し涼しい。
　 Today is _____ yesterday.
❸ 私は、あなたが今履いているまさにその同じ靴が買いたかったんです。
　 I wanted to buy _____ you are wearing now.
❹ 私はエミが楽しそうに笑っているのを聞いた。
　 I _____ happily.

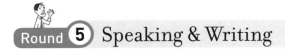

Round 5 Speaking & Writing

Ⅰ 日本語を参考に、下線部を埋めながら音読しましょう。

ある年の夏、私はあの時の公園を再び訪れました。

One summer, I _____.

芝生の上で、家族連れがクリッパーにとてもよく似た犬とフリスビーをしていました。

On the grass, a family was _____.

彼（その犬）は少し年を取っていて、少し太っていましたが、しかしそのとき私は犬の耳に気づきました。そこには全く同じ傷跡があったのです！

He was _____, but then I _____. It _____!

私が駆け寄ると、驚いた家族は、3年前に、彼（クリッパー）が雨の中で彼らの家のデッキの下に隠れているのを見つけたのだと説明してくれました。

I ran over, and the surprised family _____.

彼らは飼い主を見つけられなかったので、彼（その犬）を飼っていたのです。

They _____, so _____.

私は彼らの幼い娘がクリッパーと楽しそうに遊んでいるのを見て、彼が新しいすてきな家族を見つけたのだと知りました。

I watched _____, and I _____.

Ⅱ このUnitの英文に関する質問に英語で答えましょう。

❶ What did the writer see in the old park?

He saw a family _____

_____.

❷ How did the writer know that the dog was Clipper?

He noticed _____

_____.

❸ When and where did the family find Clipper?

They _____

_____.

Ⅲ あらすじを完成させましょう。

One summer, I _____.

In the park, I saw _____

_____.

I found that the dog was Clipper because _____

_____. The family explained

_____ three years ago. They couldn't

_____. The writer was happy

because _____.

Part 2 Final Exercise

Part 2 で学習した内容を参考に、以下のストーリーを英語で書いてみましょう。

> 　私が9歳のとき、私の家族はタマという名前の猫を飼っていました。タマは白い日本猫で、片方の足に傷跡がありました。タマの問題は、ネズミを怖がったことです。ある日、タマは大きなネズミが家の中にいるのを見て驚きました。彼は家から逃げ出し、そしていなくなりました。私たちは外に出て彼の名前を呼びましたが、タマは見つかりませんでした。
>
> 　3カ月後、私はタマにとてもよく似た猫を見つけました。その猫は片方の足に全く同じ傷跡があったのです！　私はタマを家に連れて帰りました。私は妹がタマと楽しそうに遊ぶのを見て、彼とまた一緒にいることをとても嬉しく思いました。
>
> 〈ヒント〉　　□足:leg ／□〜することを嬉しく思う:be glad to do

When I was 9,

_____

_____

_____

_____

_____

_____

_____

_____

_____

_____

_____

Reading an Essay
"My Japan, Your Japan"
エッセイを読む

Part 3 では、日本に 17 年間滞在し、現在はアメリカでエッセイストとして活躍中の Kay Hetherly（ケイ・ヘザリ）さんのエッセイを読もう。大学講師や翻訳家などとして幅広く日本人と関わり、異文化についての著書も数多く著わしているヘザリさんの目に、日本はどう映ったのだろうか。このエッセイを読んだ後に、巻末にも紹介しているヘザリさんの著書を読むと、さらに日本の文化についての考えが深まるよ。そして外国に行く機会があったら、ぜひ日本のことを英語で紹介してみよう。

ケイ・ヘザリさんのエッセイは、とても美しい文章で読みやすい。こうした英文をたくさん音読して頭に残すことで、自分が話したり書いたりする英文にも磨きがかかっていくよ。

Unit 7 アメリカ人から見た日本

Round 1 Vocabulary & Useful Expressions

Ⅰ 1～5の語句の定義を右の選択肢から選んで線で結びましょう。

❶ draw 〔v〕　　　　　・　　　　　・ ⓐ having a long history

❷ traditional 〔adj〕　・　　　　　・ ⓑ to like something very much

❸ admire 〔v〕　　　　・　　　　　・ ⓒ to have respect towards someone or something

❹ tea ceremony　　・　　　　　・ ⓓ to make lines or pictures on paper

❺ be crazy about　・　　　　　・ ⓔ the formal Japanese way to make tea

Ⅱ 下の選択肢から空欄に当てはまるものを選び、日本語と同じ意味になるように、必要に応じて形を変えて空欄に記入しましょう。

❶ いったいぜんたい、昨日君に何が起こったの？

What (　　　　　　) (　　　　　　　　) (　　　　　　　　) happened to you yesterday?

❷ 最初に出会ったとき、トムはレベッカに引かれた。

Tom (　　　　　　) (　　　　　　) (　　　　　　) Rebecca when they first met.

❸ 30代のとき、私の叔父は貿易会社で働いていた。

(　　　　　　) (　　　　　　) (　　　　　　), my uncle worked for a trading company.

❹ 私はアイスクリームが大好きだ。

I (　　　　　) (　　　　　　) (　　　　　　) ice cream.

❺ プレゼントを開けるのが待ちきれません。

I (　　　　　) (　　　　　　) (　　　　　　) open the present.

| be drawn to | can't wait to | be crazy about |
| in the world | in one's 30s | |

次の英文を読んで、以下の問いに答えなさい。

1　　I moved to Japan to teach English for one or two years. Seventeen years later, I was still there! Why **in the world** did I stay so long?

　　These days, all kinds of people **are drawn to** Japan. A close
5 friend, an American woman **in her 70s**, became a master of the **tea ceremony**. She especially **admires traditional** Japanese culture. A lot of younger people **are crazy about** manga and anime. I know a group of American teenagers who **draw** their own Japanese-
10 style comics, listen to J-pop and study Japanese. They **can't wait to** visit Japan someday.　But my Japan is different from theirs. I didn't live there all those years to learn the tea ceremony or become a manga artist!

英文の内容に合うものには○、合わないものには×を書きましょう。

❶ [　　　] The writer stayed in Japan for 15 years.

❷ [　　　] The writer's Japanese friend became a master of the tea ceremony.

❸ [　　　] Japanese manga and anime are popular among young American people.

❹ [　　　] The group of American teenagers whom the writer writes about don't want to visit Japan.

❺ [　　　] The writer says that many Americans like Japanese culture.

Round ③ Oral Reading

以下のステップに従い、英文が頭に入ったと思うまで音読しましょう。

❶ Track 28 を通して聞き、大まかな内容や英語の流れを把握する。(1〜2回)
❷ Track 29 を聞き、右ページの「発音のポイント」を確認する。(1〜2回)
❸ Track 30 でフレーズごとに区切られた英語を聞き、対応する日本語を確認する。(1〜2回)
❹ Track 30 でフレーズごとに区切られた英語を聞き、その後英語をリピートする。(2〜3回)
❺ Track 31 で日本語を聞き、対応する英語をテキストを見ながら音読する。(2〜3回)
❻ Track 31 で日本語を聞き、対応する英語をテキストを見ずに音読する。(3〜5回)

I moved to Japan [1] /

to teach English /

for one or two years. //

Seventeen years later, /

I was still there! //

Why in the world / did I stay so long? //

These days, / all kinds of people are drawn to Japan. //

A close friend, / an American woman in her 70s, /

became a master of the tea ceremony. //

She especially admires traditional Japanese culture. //

A lot of younger people /

are crazy about manga and anime. //

I know a group of American teenagers /

who draw their own Japanese-style comics, /

listen to J-pop /

and study Japanese. //

They can't wait [2] to visit Japan / someday. //

But my Japan is different from theirs. //

I didn't live there all those years /

to learn the tea ceremony /

or become a manga artist! //

発音のポイント　Let's Repeat!

1 Japan ⟶ 「ヂァパン」

2つめのaは、「ア」と「エ」の中間くらいの音で、カタカナで表記すると「ェア」に近い。

2 They can't wait ⟶ 「ðェイキャーンウエイT」

can'tは、語尾が聞き取りにくく、「キャン」のように聞こえることがある。しかし、canが「クン」のように軽く発音されるのに対し、can'tは「キャーン」と強く長く発音されるので、区別できる。

私は日本に移り住みました /

英語を教えるために /

1年か2年の間。//

17年後、/

私はまだそこにいたのです！//

いったいぜんたいどうして / 私はそんなに長く滞在したのでしょうか。//

最近は / さまざまな人々が日本に引きつけられています。//

親しい友達で / 70代のアメリカ人の女性は /

茶道の指導者になりました。//

彼女は伝統的な日本文化をとりわけ素晴らしいと思っています。//

もっと若い人たちの多くは /

マンガやアニメに夢中です。//

私はアメリカのティーンエージャーのグループを知っています /

彼らは自分で日本式のマンガを描きます /

日本のポップ・ミュージックを聞きます /

そして日本語を勉強しています。//

彼らは日本を訪れるのが待ち遠しくて仕方がありません / いつの日か。//

しかし「私の日本」は彼らのものとは異なります。//

私はそれまでの年月をずっとそこに住んでいたわけではありません /

茶道を習うために /

あるいはマンガ家になるために！//

Round **4** Review Exercises

 Track 28

Ⅰ 音声を聞き、内容を思い出しながら、以下の2種類の音読をしましょう。

❶ 英文を見ながら Track 28 の音声にぴったりかぶせるように音読する。(2〜3回)

❷ 英文を見ずに Track 28 の音声を2、3語遅れて追いかけるように音読する。(3〜5回)

Ⅱ ディクテーションしてみましょう。繰り返し音声を聞いても構いません。

　　　I moved to Japan to ❶ _____

_____ . ❷ _____ , I was still there!

❸ _____ did I stay so long?

　　　These days, ❹ _____

_____ . A close friend, ❺ _____ ,

became a master of the tea ceremony. She especially ❻ _____

_____ . A lot of ❼ _____

_____ manga and anime. I know

❽ _____ who draw their own

Japanese-style comics, listen to J-pop and study Japanese.

They ❾ _____ . But my

Japan ❿ _____ . I didn't ⓫ _____

_____ to learn the tea ceremony or

become a manga artist!

Ⅲ 以下の英文には原則として各文に1箇所、間違いがあります。
見つけて訂正しましょう。（間違いがない文には下線が引いてあります。）

❶ I moved to Japan teaching English for one or two years.

❷ <u>Seventeen years later, I was still there!</u> ❸ Why in the word did I stay so long?

❹ These days, every kinds of people are drawn to Japan. ❺ A close friend, an American woman in the 70s, became a master of the tea ceremony. ❻ She especially admires traditionally Japanese culture. ❼ A lot of younger people is crazy about manga and anime. ❽ I know a group of American teenagers who draw their own Japanese-style comics, listen J-pop and study Japanese.

❾ They can't wait to visiting Japan someday. ❿ But my Japan is different from them. ⓫ I didn't live in there all those years to learn the tea ceremony or become a manga artist!

Ⅳ 日本語と同じ意味になるように、下線に当てはまる英語を書きましょう。

❶ いったいぜんたい、君はこれまでどこにいたの？

_____ have you been?

❷ 私は美術館にあったピカソの絵画に引きつけられた。

_____ Picasso's paintings at the museum.

❸ 40代のとき、私の先生は函館に住んでいた。（※先生は男性）

_____, my teacher lived in Hakodate.

❹ 私の母はあの韓国の俳優が大好きだ。

My mother _____.

❺ フランスを旅行するのが待ちきれません。

_____ in France.

Round 5 Speaking & Writing

I 日本語を参考に、下線部を埋めながら音読しましょう。

私は1年か2年の間英語を教えるために、日本に移り住みました。

I moved to Japan to _____.

17年後、私はまだそこにいたのです！

_____, I was _____!

いったいぜんたいどうして、そんなに長く滞在したのでしょうか。

Why _____?

最近は、さまざまな人々が日本に引きつけられています。

These days, _____.

親しい友達で70代のアメリカ人女性は、茶道の指導者になりました。彼女は日本の伝統文化をことのほか素晴らしいと思っています。

A close friend, _____, became _____.

She especially _____.

もっと若い人たちの多くはマンガやアニメに夢中です。

A lot of _____ manga and anime.

私は、自分で日本式のマンガを描いたり、日本のポップミュージックを聞いたり、日本語を学んだりしているアメリカのティーンエージャーのグループを知っています。

I know _____, _____ and _____.

彼らはいつか日本を訪れるのが待ち遠しくて仕方がありません。

They _____.

しかし私の日本は彼らのものとは違います。私は、茶道を習ったり、マンガ家になったりするために、それだけの年月をずっとそこに住んでいたわけではないのです！

But my Japan _____. I didn't _____

to learn _____!

Ⅱ このUnitの英文に関する質問に英語で答えましょう。

❶ Why did the writer move to Japan?

She _____.

❷ What happened to the writer's American friend in her 70s?

She _____.

❸ How does the group of American teenagers whom the writer knows show their interest of Japan?

They _____

_____.

Ⅲ 以下の出だしにつなげて英語で要旨を書きましょう。

The writer moved to Japan _____

_____.

Why did she stay there so long? These days, all kinds of people are drawn to Japan. For example, some older people _____

_____. A lot of younger people

_____.

The writer, however, lived _____.

Unit 8　私が感じた日本の魅力

Round 1　Vocabulary & Useful Expressions

I 1 〜 5の語句の定義を右の選択肢から選んで線で結びましょう。

1. traffic jam ・　　　・ a based in the area where you live
2. local 〔adj〕 ・　　　・ b to go around in a circle
3. revolve 〔v〕 ・　　　・ c very fashionable
4. trendy 〔adj〕 ・　　　・ d when the road is full of cars and you cannot drive smoothly
5. latest 〔adj〕 ・　　　・ e the newest

II 下の選択肢から空欄に当てはまるものを選び、日本語と同じ意味になるように、必要に応じて形を変えて空欄に記入しましょう。

1. 私は修学旅行で沖縄に行くのを楽しみにしている。

I'm (　　　　) (　　　　) (　　　　) going to Okinawa on a school trip.

2. アキラはサッカーに夢中になった（＝サッカー中毒になった）。

Akira (　　　　) (　　　　) (　　　　) soccer.

3. ホームステイをするときには、自分の英語を試してみるべきだ。

When you do a homestay, you should (　　　　) (　　　　) your English.

4. つまり、人はいつも失敗することにより学ぶことができるのです。

(　　　　) (　　　　) (　　　　), people can always learn by making mistakes.

5. 私は遊園地でジェットコースターに乗るのを楽しんだ。

I (　　　　) (　　　　) the roller coaster at the amusement park.

try out	get addicted to	enjoy ride
look forward to	in other words	

次の英文を読んで、以下の問いに答えなさい。

1   So what kept me in Japan? Well, I loved jumping on trains in
Tokyo and zipping* around town with no **traffic jams**. I **looked
forward to** eating cold noodles on hot summer days and stacking**
plates at the **local revolving** sushi shop. I **got addicted to trendy**
5 TV dramas and couldn't wait to talk about the **latest** episode with
friends or **try out** new words and phrases on
them: *kankei nai! hottoite!* **In other words,**
I just **enjoyed doing** the everyday things
people do in Japan.

* zip：びゅんびゅん走る
**stack：〜を積み重ねる

英文の内容に合うものには○、合わないものには×を書きましょう。

❶ [   ] The writer loved to travel by train in Tokyo.

❷ [   ] The writer liked eating hot noodles in summer.

❸ [   ] According to the writer, Japanese TV dramas are not good
because people get addicted to them.

❹ [   ] The writer liked to use new words and phrases that she
learned from Japanese TV dramas.

❺ [   ] The writer enjoyed living like Japanese people do.

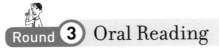 Round **3** Oral Reading

以下のステップに従い、英文が頭に入ったと思うまで音読しましょう。

❶ Track 32 を通して聞き、大まかな内容や英語の流れを把握する。(1〜2回)
❷ Track 33 を聞き、右ページの「発音のポイント」を確認する。(1〜2回)
❸ Track 34 でフレーズごとに区切られた英語を聞き、対応する日本語を確認する。(1〜2回)
❹ Track 34 でフレーズごとに区切られた英語を聞き、その後英語をリピートする。(2〜3回)
❺ Track 35 で日本語を聞き、対応する英語をテキストを見ながら音読する。(2〜3回)
❻ Track 35 で日本語を聞き、対応する英語をテキストを見ずに音読する。(3〜5回)

So what kept me in Japan? //

Well, /

I loved / jumping on trains in Tokyo /

and zipping around town /

with no traffic jams. //

I looked forward to /

eating cold noodles [1] / on hot summer days /

and stacking plates /

at the local revolving sushi shop. //

I got addicted to /

trendy TV dramas [2] /

and couldn't wait /

to talk about the latest episode /

with friends /

or try out new words and phrases /

on them: /

kankei nai! hottoite! //

In other words, /

I just enjoyed doing the everyday things /

people do / in Japan. //

発音のポイント　Let's Repeat!

1 noodles ─────────→ 「ヌードゥズ」

dle の部分はひとまとまりに発音され、やや「ヌードゥ」に近い音になる。「ヌードル」では伝わらないので注意。

2 dramas ─────────→ 「ヂュラマズ」

日本語の「ドラマ」では「ド」が強く発音されるが、英語では「ラ」の部分にアクセントがあり、「ヂュラマ」に近い音になる。

では何が私を日本に居続けさせたのでしょうか。//

そうですねえ、/

私は大好きでした / 東京で電車に飛び乗るのが /

そして街を飛び回るのが /

交通渋滞に遭うことなく。//

私は楽しみにしていました /

冷たい麺を食べるのを / 暑い夏の日に /

そしてお皿を積み重ねるのを /

地元の回転寿司屋で。//

私は熱中しました /

テレビのトレンディードラマに /

そして待ちきれませんでした /

最新のエピソードについて話すのを /

友人たちと /

あるいは新しい単語や表現を試してみるのを /

彼らを相手に。/

「関係ない！ほっといて！」と。//

つまり、/

私は日常の事柄をとにかく楽しんでやっていただけなのです /

人々が行っていることを / 日本で。//

Round **4** Review Exercises
Track 32

Ⅰ 音声を聞き、内容を思い出しながら、以下の2種類の音読をしましょう。

❶ 英文を見ながら Track 32 の音声にぴったりかぶせるように音読する。(2〜3回)

❷ 英文を見ずに、Track 32 の音声を2、3語遅れて追いかけるように音読する。(3〜5回)

Ⅱ ディクテーションしてみましょう。繰り返し音声を聞いても構いません。

So ❶_____? Well, I ❷_____

_____ and zipping around town

with no traffic jams. I ❸_____

_____ on hot summer days and stacking plates at the local

revolving sushi shop. I ❹_____

and ❺_____ about the latest episode with

friends or ❻_____ on them:

kankei nai! hottoite! In other words, I ❼_____

_____ people do in Japan.

Ⅲ 以下の英文には原則として各文に1箇所、間違いがあります。
見つけて訂正しましょう。(間違いがない文には下線が引いてあります。)

❶ So what kept in Japan? ❷ <u>Well, I loved jumping on trains in Tokyo and zipping around town with no traffic jams.</u> ❸ I looked forward to eat cold noodles on hot summer days and stacking plates at the local revolving sushi shop. ❹ I got addicted to trendy TV dramas and can't wait to talk about the latest episode with friends or try out new words and phrases on them: *kankei nai! hottoite!* ❺ In other words, I just enjoyed to do the everyday things people do in Japan.

Ⅳ 日本語と同じ意味になるように、下線に当てはまる英語を書きましょう。
❶ 私は週末に美術館に行くのを楽しみにしている。
I'm _____ to the museum on the weekend.
❷ イタリアを旅行してから、私の母はパスタに夢中になった。
After my mother traveled in Italy, _____ pasta.
❸ 私の兄はしばしば新しいヘアスタイルを試す。
_____ new hair styles.
❹ つまり、環境を守るためにできることはたくさんあるのです。
_____, there are many things we can do to protect the environment.
❺ 私はパーティーで友人たちと歌うのを楽しんだ。
I _____ at the party.

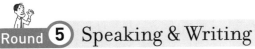

Round 5 Speaking & Writing

I 日本語を参考に、下線部を埋めながら音読しましょう。

では、何が私を日本に居続けさせたのでしょうか。

So what _____?

そうですねぇ、私は東京で電車に飛び乗り、交通渋滞なしに街を飛び回るのが大好きでした。

Well, I loved _____ and zipping _____.

私は夏の暑い日に冷たい麺を食べたり、地元の回転寿司屋でお皿を積み重ねたりするのを楽しみにしていました。

I _____ on hot summer days and stacking

plates _____.

私はテレビのトレンディードラマに夢中になり、最新のエピソードについて友人たちと話したり、新しく覚えた単語や表現を彼らを相手に試したりするのが待ちきれませんでした。「関係ない！ほっといて！」といった言葉です。

I got _____ and couldn't _____

or _____ : *kankei nai! hottoite!*

つまり、私は人々が日本で日常的に行っていることをとにかく楽しんでいたのです。

In other words, I _____.

Ⅱ このUnitの英文に関する質問に英語で答えましょう。

❶ What did the writer look forward to doing on hot summer days?

She _____.

❷ What did the writer do after she watched trendy TV dramas?

She _____

_____

_____.

Ⅲ 筆者は、このUnitの英文の中で、「日本で好きだったこと」として3つの例を挙げています。以下の出だしにつなげて、3つの例について英語で書きましょう（本文と全く同じ英語でなくても構いません）。

The writer shows some examples of what she enjoyed in Japan.

First, _____

_____.

Second, _____

_____

_____.

Third, _____

_____

_____

_____.

These are the things people do in their everyday lives in Japan.

Unit 9   あなたにとっての日本とは？

Round 1 Vocabulary & Useful Expressions

Ⅰ 1～5の語句の定義を右の選択肢から選んで線で結びましょう。

❶ discover〔v〕 •
❷ foreign country •
❸ attend〔v〕 •
❹ funeral〔n〕 •
❺ share〔v〕 •

• ⓐ to be at a certain event
• ⓑ to find out new things
• ⓒ a country different from the one you are born in or are a citizen of
• ⓓ to have something together with others
• ⓔ a ceremony where people gather to say farewell to a dead person

Ⅱ 下の選択肢から空欄に当てはまるものを選び、日本語と同じ意味になるように、必要に応じて形を変えて空欄に記入しましょう。

❶ あなたに、特別なものをあげましょう。

I'll give you (　　　　　　　) (　　　　　　　　　).

❷ 私は黒い猫が通りを横切るところを（最初から最後まで）見た。

I (　　　　　　) a black cat (　　　　　　　) the road.

❸ チョコレートは複雑な味がします。甘かったり、苦かったり、ミルクの味がしたりします。それが、私がチョコレートを好きな理由です。

Chocolate has complicated tastes. It can be sweet, bitter or milky.

(　　　　　　　) (　　　　　　　　) I like it.

❹ 私は、姉がそのレースで優勝したことを誇りに思っている。

I (　　　　　) (　　　　　　) (　　　　　　　　) my sister for winning the race.

---

see cross 　　　be proud of 　　　something special
That's why

Round ② Silent Reading

次の英文を読んで、以下の問いに答えなさい。

1　　In many ways, I had the best of both worlds.* Japan was not my home country, so there was always **something fresh** and new, like **discovering** tonkotsu ramen or **seeing** a sumo wrestler** **walk** down the street! At the same time, Japan didn't feel like a

5　**foreign country**. After a few years and a lot of Japanese under my belt,*** I felt very much at home. I **attended** the weddings and **funerals** of friends, worked hard, and learned to sing Inoue Yosui at the karaoke box.

　　Life in Japan was good, and **that's why** I

10 stayed so long. What does Japan mean to you? Whatever it is, find the Japan you**'re proud of** and **share** it with the world!

* 　have the best of both worlds：両者の長所を生かす
** sumo wrestler：相撲取り、力士
***under one's belt：習得して

英文の内容に合うものには○、合わないものには×を書きましょう。

❶ [　　] The writer likes Japan better than her home country.

❷ [　　] The writer learned many Japanese words and expressions.

❸ [　　] The writer did not feel relaxed when she was in Japan.

❹ [　　] The writer learned to sing Japanese songs at the karaoke box.

❺ [　　] The writer asks you what your favorite Japan is.

 Round **3** Oral Reading

 Track 36-39

以下のステップに従い、英文が頭に入ったと思うまで音読しましょう。

❶ Track 36 を通して聞き、大まかな内容や英語の流れを把握する。（1〜2回）
❷ Track 37 を聞き、右ページの「発音のポイント」を確認する。（1〜2回）
❸ Track 38 でフレーズごとに区切られた英語を聞き、対応する日本語を確認する。（1〜2回）
❹ Track 38 でフレーズごとに区切られた英語を聞き、その後英語をリピートする。（2〜3回）
❺ Track 39 で日本語を聞き、対応する英語をテキストを見ながら音読する。（2〜3回）
❻ Track 39 で日本語を聞き、対応する英語をテキストを見ずに音読する。（3〜5回）

In many ways, /

I had the best of both worlds. //

Japan was not my home country, /

so there was always something fresh and new, /

like discovering tonkotsu ramen /

or seeing a sumo wrestler <u>walk down</u> the street ! **1** //

At the same time, /

Japan didn't feel like a foreign country. //

After a few years /

and a lot of Japanese under my belt, /

I felt very much at home. //

I attended the weddings and funerals of friends, /

<u>worked hard</u>, **2** /

and learned to sing Inoue Yosui / at the karaoke box. //

Life in Japan was good, /

and that's why / I stayed so long. //

What does Japan mean / to you? //

Whatever it is, /

find the Japan /

you're proud of /

and share it / with the world! //

発音のポイント　Let's Repeat!

1 walk down　——————→　「ウォーッダウン」

walkの発音は[wɔ́ːk]で、母音は「オ」に近い。また、walkの語尾とdownの語頭は破裂音のため、walkのkが消える。

2 worked hard　——————→　「ワー KT ハー D」

workの発音は[wə́ːrk]で、母音は「ア」にやや近いが、あまり口を開けずに発音する。

多くの点で /

私は両者の最も良いところを取り入れました //

日本は私の母国ではありませんでした /

だからいつも何か新鮮で新しいことがありました /

例えば豚骨ラーメンについて知ったり /

あるいは力士が通りを歩いて行くのを見たりして！ //

同時に、 /

日本は外国のような気がしませんでした。 //

数年たった後、 /

そしてたくさんの日本語を習得して、 /

私はとても居心地良く感じていました。 //

私は友人の結婚式や葬式に出席しました /

一生懸命に働きました /

そして井上陽水を歌うことを覚えました / カラオケボックスで。 //

日本の生活は素晴らしかったです /

そして、そういうわけで / 私はそれほど長く滞在したのです。 //

日本はどういった意味を持ちますか / あなたにとって。 //

それがどんなものであれ、 /

日本を見つけてください /

あなたが誇る /

そしてそれを分かち合ってください / 世界と！ //

Round **4** Review Exercises

Track 36

Ⅰ 音声を聞き、内容を思い出しながら、以下の2種類の音読をしましょう。

❶ 英文を見ながら Track 36 の音声にぴったりかぶせるように音読する。(2～3回)

❷ 英文を見ずに Track 36 の音声を2、3語遅れて追いかけるように音読する。(3～5回)

Ⅱ ディクテーションしてみましょう。繰り返し音声を聞いても構いません。

In many ways, I ❶ _____ .

Japan was not my home country, so there ❷ _____

_____ , like discovering tonkotsu ramen

❸ _____ !

At the same time, Japan ❹ _____

_____ . After a few years and a lot of Japanese under my belt,

I ❺ _____ . I ❻ _____

_____ , worked hard,

and learned to sing Inoue Yosui at the karaoke box.

　　Life in Japan was good, and ❼ _____

_____ . What does Japan mean to you? Whatever it is,

❽ _____ and ❾ _____

_____ !

Ⅲ 以下の英文には原則として各文に1箇所、間違いがあります。
　見つけて訂正しましょう。（間違いがない文には下線が引いてあります。）

1 　　❶In many ways, I had the best of both world. ❷Japan was not
my home country, so there was always fresh and new something,
like discovering tonkotsu ramen or seeing a sumo wrestler walk
down the street! ❸In the same time, Japan didn't feel like a
5 foreign country. ❹<u>After a few years and a lot of Japanese under
my belt, I felt very much at home.</u> ❺I attended to the weddings
and funerals of friends, worked hard, and learned to sing Inoue
Yosui at the karaoke box.

　　❻Life in Japan was good, and that's why did I stay so long.
10 ❼<u>What does Japan mean to you?</u> ❽Whatever it is, find the Japan
you're pride of and share it with the world!

Ⅳ 日本語と同じ意味になるように、下線に当てはまる英語を書きましょう。
❶ 私はとても疲れているので、何か甘いものが食べたい。
　 I want _____ because I'm very tired.
❷ スーパーで、私はタロウが老婦人を手伝うところを見た。
　 At the supermarket, I _____.
❸ 私の叔父は警察官で、制服を着ているととても格好良く見えた。だから私は警察官
になりたかったのだ。
　 My uncle was a police officer, and he looked very nice in his uniform.
　 _____ a police officer.
❹ ジョージは息子のマイクのことをとても誇らしく思っている。
　 George _____, Mike.

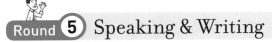

Round 5 Speaking & Writing

Ⅰ 日本語を参考に、下線部を埋めながら音読しましょう。

多くの点で、私は両者の最も良いところを取り入れました。

In many ways, I _____.

日本は私の母国ではなかったので、豚骨ラーメンについて知ったり、力士が通りを歩いているのを見たりと、そこには常に何か新鮮で新しいことがありました。

Japan _____, so there was _____,

like _____ or _____!

同時に、日本は外国のような気がしませんでした。何年かたち、たくさんの日本語を習得してからは、私はとても居心地良く感じていました。

At the same time, Japan _____. After _____

_____, I _____.

私は友人の結婚式や葬式に出席し、一生懸命働き、そしてカラオケボックスで井上陽水を歌うことを覚えました。

I _____, _____, and _____

at the karaoke box.

日本の生活は素晴らしかったので、だから私はそれほど長く滞在したのです。

Life _____, and _____.

日本は、あなたにとってどんな意味を持ちますか。それが何であれ、あなたが誇れる日本を見つけて、そしてそれを世界と分かち合ってください。

What _____? Whatever it is, _____

_____!

PART 1

PART 2

PART 3 / Unit 9

PART 4

086

Ⅱ このUnitの英文に関する質問に英語で答えましょう。

❶ How did the writer feel in Japan after a few years?

　She felt _____.

❷ What does the writer want you to do?

　She wants _____

　_____.

Ⅲ 以下の出だしにつなげて英語で要旨を書きましょう。

The writer's status helped her to enjoy living in Japan.

On one hand, Japan was not _____

_____.

On the other hand, Japan didn't feel _____

_____.

In the end, she found life in Japan was good, and stayed there for a very

long time.

Part 3 Final Exercise

Part 3 で学習した表現を参考にして、あなたが夢中になっていることや物について、英語で説明しましょう。好きな食べ物、好きなスポーツ、趣味、テレビ番組や芸能人など、自分が説明しやすいトピックを選び、その魅力について、なるべく詳しく書いてみましょう。

〈ヒント〉　□be drawn to ～／□be crazy about ～／□ get addicted to ～
　　　　　　□look forward to ～／□love doing ／□enjoy doing
　　　　　　□can't wait to do ／□admire ／□be proud of ～

_____

_____

_____

_____

_____

_____

_____

_____

_____

_____

_____

_____

_____

_____

_____

Reading a Life Story

"Mara Yamauchi: The Running Diplomat"

人物伝を読む

いよいよ最後のパートだ! Part 4 では、北京オリンピックに英国代表のマラソン選手として出場し、6 位に入賞したマーラ・ヤマウチさんの半生記を読んでみよう。マーラさんは、英国外務省の職員として日本にも 4 年間滞在した。しかしその後、マーラさんは夢を追いかけ、マラソン選手として世界の頂点を目指すことを決意した。マーラさんの半生記は、自分の夢を安易に諦めないことの大切さを教えてくれる。

Part 4 では、英文や単語のレベルが少し難しくなる。1 つ 1 つのタスクを着実にこなすことを心がけよう。英語が「スラスラ言える」自分との出会いを楽しみに、最後まで頑張ろう!

Unit 10 進路への迷い

Round 1 Vocabulary & Useful Expressions

I 1 ～ 6の語句の定義を右の選択肢から選んで線で結びましょう。

❶ degree 〔n〕 •
❷ prestigious 〔adj〕 •
❸ philosophy 〔n〕 •
❹ environment 〔n〕 •
❺ athlete 〔n〕 •
❻ diplomat 〔n〕 •

• ⓐ a person who competes in sports
• ⓑ an academic field which studies how humans see and understand the world
• ⓒ the overall condition of a certain place
• ⓓ a person who represents his/her country in a foreign country
• ⓔ proof that a student has graduated university successfully
• ⓕ very famous, high-ranked

II 下の選択肢から空欄に当てはまるものを選び、日本語と同じ意味になるように、必要に応じて形を変えて空欄に記入しましょう。

❶ ジルが私の家に来たとき、私はまさに出かけようとしていたところだった。

I (   ) (   ) (   ) go out when Jill came to my house.

❷ 彼は恋と友情の板挟みになっていた。

He (   ) (   ) between love and friendship.

❸ 私の英語はあなたに教えるほどはうまくない。

My English is not (   ) (   ) to teach you.

❹ ルイーズは大学のカフェテリアで働いて生計を立てている。

Louise (   ) (   ) (   ) by working at a college cafeteria.

good enough   be about to   be torn

make one's living

090

次の英文を読んで、以下の問いに答えなさい。

1 At the age of 22, Mara, a university student in Oxford, started
thinking deeply about her future. She **was about to** get a **degree**
from one of the most **prestigious** universities in the world. She
studied politics, **philosophy** and economics, which opened

5 her future to many different jobs. She was also interested in
international politics, partly because she had spent her childhood
in an international **environment** in Kenya. On the other hand,
however, Mara was a fast runner and had a
dream to be a top **athlete**. She had trained

10 seriously at college. She **was torn between**
"real life" and a dream. Finally, Mara chose
to work as a **diplomat** because she felt that
she was not **good enough** at running to
make her living from it.

英文の内容に合うものには○、合わないものには×を書きましょう。

❶ [   ] Mara started thinking deeply about her future in her early 20s.
❷ [   ] Mara studied politics, physics and economics.
❸ [   ] Mara had a hard time finding a job.
❹ [   ] Mara had spent her childhood in Africa.
❺ [   ] Mara trained seriously, but she was not a fast runner.

Round ③ Oral Reading

Track 40-43

以下のステップに従い、英文が頭に入ったと思うまで音読しましょう。

❶ Track 40 を通して聞き、大まかな内容や英語の流れを把握する。(1〜2回)
❷ Track 41 を聞き、右ページの「発音のポイント」を確認する。(1〜2回)
❸ Track 42 でフレーズごとに区切られた英語を聞き、対応する日本語を確認する。(1〜2回)
❹ Track 42 でフレーズごとに区切られた英語を聞き、その後英語をリピートする。(2〜3回)
❺ Track 43 で日本語を聞き、対応する英語をテキストを見ながら音読する。(2〜3回)
❻ Track 43 で日本語を聞き、対応する英語をテキストを見ずに音読する。(3〜5回)

At the age of 22, /

Mara, / a university student in Oxford, /

started thinking deeply / about her future. //

She was about to get a degree /

from one of the most prestigious universities / in the world. //

She studied politics, philosophy and economics, /

which opened her future /

to many different jobs. //

She was also interested /

in international politics, /

partly because she had spent her childhood /

in an international environment / in Kenya. //

On the other hand, / however, /

Mara was a fast runner /

and had a dream / to be a top athlete. //

She had trained seriously / at college. //

She was torn / between "real life" [1] and a dream. //

Finally, /

Mara chose to work as a diplomat /

because she felt /

that she was not good enough [2] at running /

to make her living / from it. //

1 real life ──────→「リーアライ F」

realの語尾のlが次の語の語頭と同じ音のため消える。
rとlの発音の違いに注意。rは舌をどこにもつけないが、
lは前歯の裏側につけたまま発音する。

2 not good enough ──────→「ナッグッディナ F」

notの語尾とgoodの語頭は破裂音のため、notのtの音
が消える。また、goodの語尾とenoughの語頭がくっつ
く。

22歳のとき、/

マーラは / オックスフォードの大学の学生でしたが /

深く考え始めました　/ 彼女の将来について。//

彼女はまさに学位を得ようとするところでした /

最も名声の高い大学のうちの1つから / 世界で。//

彼女は政治学と哲学と経済学を学びましたが /

そのことが彼女の未来を開きました /

数多くの異なる職業に対して。//

彼女はまた興味がありました /

国際政治に /

その理由のひとつは、彼女が子ども時代を過ごしたことです /

国際的な環境で / ケニアの。//

他方で、/　しかし、/

マーラは速いランナーでした /

そして夢を持っていました / トップのスポーツ選手になるという。//

彼女は真剣にトレーニングをしました / 大学で。//

彼女は板挟みになっていました /「現実の生活」と夢との間で。//

ついに、/

マーラは外交官として働くことを選びました。//

なぜなら彼女は感じたからです /

自分がランニングでは十分に優れていないと /

生計を立てるほどには / それから。//

| Round **4** | Review Exercises |

Ⅰ 音声を聞き、内容を思い出しながら、以下の2種類の音読をしましょう。

❶ 英文を見ながら Track 40 の音声にぴったりかぶせるように音読する。(2〜3回)

❷ 英文を見ずに Track 40 の音声を2、3語遅れて追いかけるように音読する。(3〜5回)

Ⅱ ディクテーションしてみましょう。繰り返し音声を聞いても構いません。

At the age of 22, Mara, a university student in Oxford, ❶ _____

_____ . She was about to

❷ _____

_____ in the world. She studied politics, philosophy

and economics, ❸ _____

_____ . She was ❹ _____

_____ , partly because

she ❺ _____

_____ in Kenya. On the other hand, however,

Mara was ❻ _____

_____ . She had trained seriously at college. She was

❼ _____ . Finally,

Mara chose to work as a diplomat because she felt that she ❽ _____

_____

from it.

Ⅲ以下の英文には各文に１箇所、間違いがあります。見つけて訂正しましょう。

1 ❶ At an age of 22, Mara, a university student in Oxford, started thinking deeply about her future. ❷ She was about to get a degree from one of the most prestigious university in the world. ❸ She studied politics, philosophy and economics, which opened her
5 future for many different jobs. ❹ She was also interested in international politics, because partly she had spent her childhood in an international environment in Kenya. ❺ On the other hand, however, Mara was a faster runner and had a dream to be a top athlete. ❻ She had trained serious at college. ❼ She was teared
10 between "real life" and a dream. ❽ Finally, Mara chose to work as a diplomat because she felt that she was not enough good at running to make her living from it.

Ⅳ日本語と同じ意味になるように、下線に当てはまる英語を書きましょう。
❶ キョウコが私のオフィスに入ってきたとき、私はまさに彼女に電話をしようとしていたところだった。
I _____ when she came into my office.
❷ トムは彼の妻と母親の間で板挟みになっていた。
Tom _____ and his mother.
❸ 私のピアノはコンクールで優勝するほどうまくはない。
My piano skills _____ a competition.
❹ トモコはアメリカの大学で日本語を教えて生計を立てている。
Tomoko _____
at an American university.

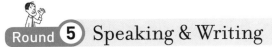

■ 日本語を参考に、下線部を埋めながら音読しましょう。

22歳のとき、マーラは、オックスフォードの大学生で、将来について深く考え始めました。彼女は世界で最も名声の高い大学のうちの1つから、学位を得ようとしていました。

At the age of 22, Mara, a university student in Oxford, _____

_____. She _____ in the world.

彼女は政治学と哲学と経済学を学びましたが、それにより、彼女の将来は数多くの異なる職業に展望が開けました。

She studied _____, which opened _____.

ケニアの国際的な環境で子ども時代を過ごしたことも影響して、彼女はまた国際政治にも興味を持っていました。

She was _____, partly because _____

_____ in Kenya.

しかし、他方でマーラは速いランナーであり、トップのスポーツ選手になるという夢を持っていました。

On the other hand, however, Mara _____ .

彼女は大学で真剣にトレーニングをしました。

She _____ .

彼女は「現実の生活」と夢との間で板挟みになっていました。

She was _____ .

ついに、マーラはランニングで生計を立てるほどには自分が優れていないと感じたため、外交官として働くことを選びました。

Finally, Mara chose _____ because she felt _____ .

Ⅱ このUnitの英文に関する質問に英語で答えましょう。

❶ Why did Mara get interested in international politics?

Partly because she spent _____

_____.

❷ Why did Mara decide to work as a diplomat?

Because she felt _____

_____.

Ⅲ このUnitで学習したマーラ・ヤマウチさんの人物伝について、以下のキーワードを参考に、なるべく英文を見ずに、英語で説明しましょう（本文と同じ英語でなくても構いません）。その後、下線に書いてみましょう。

age: 22	university student	think deeply
future	open to many jobs	dream
top athlete	be torn	real life
work as a diplomat	make one's living	

_____

_____

_____

_____

_____

_____

_____

_____

Unit 11 人生の転機

Round 1 Vocabulary & Useful Expressions

■ 1〜6の語句の定義を右の選択肢から選んで線で結びましょう。

❶ assign〔v〕 •　　　• ⓐ a person who helps people who speak different languages communicate with each other

❷ embassy〔n〕 •　　　• ⓑ to give someone some work or responsibility

❸ opportunity〔n〕 •　　　• ⓒ a building where an ambassador and diplomats work

❹ translator〔n〕 •　　　• ⓓ to try to get something, such as a goal or outcome

❺ enthusiasm〔n〕 •　　　• ⓔ a strong feeling of interest in something

❻ pursue〔v〕 •　　　• ⓕ a chance to do something

■ 下の選択肢から空欄に当てはまるものを選び、日本語と同じ意味になるように、必要に応じて形を変えて空欄に記入しましょう。

❶ 本を読めば読むほど、知識が増える。

（　　　　　）（　　　　　　　　） books you read, the more knowledge you get.

❷ ゴールした後も、マヤは走り続けた。

After crossing the finish line, Maya（　　　　　）（　　　　　）.

❸ 私は会議の進行を任された。

I（　　　　）（　　　　　）（　　　　　　） chair the meeting.

❹ 日ごとに日照時間がますます長くなってきている。

The daylight is lasting（　　　　　）（　　　　　）（　　　　　） day by day.

---

keep running　　　longer and longer　　　be appointed to

the more

次の英文を読んで、以下の問いに答えなさい。

1　After she decided to live in the "real world," Mara continued
training, hoping to become a top athlete someday. However, **the
more** work she was **assigned**, **the more** difficult it became for
her to **keep training**. In 1998, Mara **was appointed to** work in
5　the British **Embassy** in Tokyo. The job was very exciting. She
even had **opportunities** to work as a **translator** for Margaret
Thatcher, the former British prime minister.* At the same time,
her **enthusiasm** for running was becoming
bigger and bigger. When she was 29, she
10　decided that she should try becoming a
runner now, or she would never be a top
athlete. After finishing her duties** in
Japan, she switched to part-time work to
pursue her career as an athlete.

*former prime minister：元首相
**duties：職務、任務

英文の内容に合うものには○、合わないものには×を書きましょう。

❶ [　　] After Mara started working, she quit training.

❷ [　　] In 1998, Mara was appointed to work in Britain.

❸ [　　] Mara translated for the former British prime minister.

❹ [　　] Just before turning 30, Mara decided to pursue her career as
an athlete.

❺ [　　] Mara stopped working after finishing her duties in Japan.

Round ③ Oral Reading

以下のステップに従い、英文が頭に入ったと思うまで音読しましょう。

❶ Track 44 を通して聞き、大まかな内容や英語の流れを把握する。(1〜2回)
❷ Track 45 を聞き、右ページの「発音のポイント」を確認する。(1〜2回)
❸ Track 46 でフレーズごとに区切られた英語を聞き、対応する日本語を確認する。(1〜2回)
❹ Track 46 でフレーズごとに区切られた英語を聞き、その後英語をリピートする。(2〜3回)
❺ Track 47 で日本語を聞き、対応する英語をテキストを見ながら音読する。(2〜3回)
❻ Track 47 で日本語を聞き、対応する英語をテキストを見ずに音読する。(3〜5回)

After she decided to live in the "real world," /

Mara continued training, /

hoping to become a top athlete / someday. //

However, / the more work she was assigned, /

the more difficult it became / for her /

to keep training. //

In 1998, /

Mara was appointed to work /

in the British Embassy / in Tokyo. //

The job was very exciting. [1] //

She even had opportunities /

to work as a translator / for Margaret Thatcher, /

the former British prime minister. //

At the same time, /

her enthusiasm for running /

was becoming bigger and bigger. //

When she was 29, /

she decided / that she should try becoming a runner now, /

or she would never be a top athlete. //

After finishing her duties in Japan, /

she switched to part-time work [2] /

to pursue her career / as an athlete. //

発音のポイント　Let's Repeat!

1 very exciting ──────→ 「ヴェーリイクサイティンG」

veryのvは下唇を上の歯に触れながら「ヴ」という音を出す。少し唇がくすぐったい感じがするのが正しい発音。

2 part-time work ──────→ 「パーッタイMワーK」

partの語尾とtimeの語頭の音が同じため、partの語尾が消える。

彼女が「現実の世界」で生きると決めた後も、/

マーラはトレーニングし続けました /

トップのスポーツ選手になる希望を持ちながら / いつの日か。//

しかし、/ より多くの仕事を任されるほど、/

ますますそれは難しくなりました / 彼女にとって /

トレーニングを続けることが。//

1998年に、/

マーラは働くよう任命されました /

英国大使館で / 東京にある。//

その仕事はとても熱意をかき立てるものでした。//

彼女には機会さえあったのです /

通訳者として働く / マーガレット・サッチャー氏のために /

元英国首相である。//

同時に、/

彼女の走ることへの情熱は /

ますます大きくなっていきました。//

29歳のとき /

彼女は決めました / 今ランナーをやってみるべきだと /

さもなければ、トップのスポーツ選手になることは決してないであろうと。//

日本での職務を終えた後、/

彼女はパートタイムの仕事に変更しました /

キャリアを追求するために / スポーツ選手としての。//

Round **4** Review Exercises

■ 音声を聞き、内容を思い出しながら、以下の2種類の音読をしましょう。

❶ 英文を見ながら Track 44 の音声にぴったりかぶせるように音読する。(2～3回)

❷ 英文を見ずに Track 44 の音声を2、3語遅れて追いかけるように音読する。(3～5回)

■ ディクテーションしてみましょう。繰り返し音声を聞いても構いません。

After she ❶＿＿＿＿＿＿＿＿＿＿＿＿＿＿＿＿＿＿＿＿," Mara

continued training, ❷＿＿＿＿＿＿＿＿＿＿＿＿＿＿＿＿＿＿

someday. However, the more work she was assigned, ❸＿＿＿＿＿

＿＿＿＿＿＿＿＿＿＿＿＿＿＿＿＿＿＿＿＿＿＿＿＿＿＿＿.

In 1998, Mara ❹＿＿＿＿＿＿＿＿＿＿＿＿＿＿＿＿＿＿＿＿＿

＿＿＿＿＿＿＿ in Tokyo. The job was very exciting. She ❺＿＿＿＿

＿＿＿＿＿＿＿＿＿＿＿＿＿＿＿＿＿＿＿＿＿＿＿＿＿＿＿＿

Margaret Thatcher, the former British prime minister. At the same

time, her ❻＿＿＿＿＿＿＿＿＿＿＿＿＿＿＿＿＿＿＿＿＿＿＿＿

＿＿＿＿＿＿＿＿＿＿＿＿＿＿. When she was 29, she decided that

she should try becoming a runner now, ❼＿＿＿＿＿＿＿＿＿＿＿

＿＿＿＿＿＿＿＿＿＿＿＿＿＿＿＿. After finishing her duties in Japan,

she ❽＿＿＿＿＿＿＿＿＿＿＿＿＿＿＿＿＿＿＿＿＿＿＿＿＿＿

＿＿＿＿＿＿＿ as an athlete.

Ⅲ 以下の英文には原則として各文に1箇所、間違いがあります。
見つけて訂正しましょう。(間違いがない文には下線が引いてあります。)

❶ After she decided living in the "real world," Mara continued training, hoping to become a top athlete someday. ❷ However, the more work she was assigned, the more difficult it became for her to keep train. ❸ In 1998, Mara appointed to work in the British Embassy in Tokyo. ❹ <u>The job was very exciting.</u> ❺ She even had opportunities to work as a translator for Margaret Thatcher, the before British prime minister. ❻ At the same time, her enthusiasm for running was becoming bigger or bigger. ❼ When she was 29, she decided that she should try becoming a runner now, or she would be a top athlete. ❽ After she finishing her duties in Japan, she switched to part-time work to pursue her career as an athlete.

Ⅳ 日本語と同じ意味になるように、下線に当てはまる英語を書きましょう。
❶ 食べれば食べるほど、体重が増える。

_____ you eat, _____ you will gain.

❷ サラが授業中におしゃべりをし続けたので、先生は怒った。

The teacher got angry because Sarah _____

_____.

❸ 私は生徒会のメンバーに任命された。

I _____ the student council.

❹ 中国の経済力はますます強くなってきている。

The economic power of China _____

_____.

Round ⑤ Speaking & Writing

Ⅰ 日本語を参考に、下線部を埋めながら音読しましょう。

「現実の世界」で生きていくと決めた後も、マーラは、いつの日かトップのスポーツ選手になることを望みながら、トレーニングを続けました。

After she decided _____," Mara continued training,

_____ someday.

しかし、より多くの仕事を任されるほど、トレーニングを続けることはますます難しくなりました。

However, the more _____, the more _____.

1998年、マーラは東京の英国大使館で働くことを命じられました。

In 1998, Mara _____ in Tokyo.

その仕事はとても面白いものでした。彼女は元英国首相、マーガレット・サッチャー氏の通訳を務める機会さえあったのです。

The job was very exciting. She _____ Margaret

Thatcher, _____.

同時に、彼女の走ることへの情熱はますます高まっていきました。

At the same time, her enthusiasm _____.

29歳のとき、彼女は今こそランナーをやっておくべきだと思いました。そうでなければ二度とトップのスポーツ選手になることはないだろうと思ったのです。

When she was 29, she _____.

日本での職務を終えた後、彼女はスポーツ選手としてのキャリアを追求するため、パートタイムの仕事に切り替えました。

After _____, she _____ as an athlete.

Ⅱ このUnitの英文に関する質問に英語で答えましょう。

❶ What was a problem when Mara was working as a diplomat?

The more work _____

_____.

❷ What did Mara do after she finished her duties in Japan?

She _____.

Ⅲ このUnitで学習したマーラ・ヤマウチさんの人物伝について、以下のキ
ーワードを参考に、なるべく英文を見ずに、英語で説明しましょう（本文
と同じ英語でなくても構いません）。その後、下線に書いてみましょう。

continue training	become a top athlete	difficult
1998	work in Tokyo	exciting
enthusiasm for running		29
decide	part-time work	

_____

_____

_____

_____

_____

_____

_____

_____

_____

Unit 12 素晴らしい伴侶との出会い

Round 1 Vocabulary & Useful Expressions

■ 1〜7の語句の定義を右の選択肢から選んで線で結びましょう。

❶ employee〔n〕 •
 • ⓐ to give a person emotional support to do something

❷ get married •
 • ⓑ a worker paid by a company

❸ encourage〔v〕 •
 • ⓒ to try to follow and get something

❹ chase〔v〕 •
 • ⓓ to stop working for a company or person

❺ focus〔v〕 •
 • ⓔ to become a couple officially recognized by the law

❻ resign〔v〕 •
 • ⓕ to give your opinion or idea

❼ comment〔v〕 •
 • ⓖ to pay close attention (or effort) to something

Ⅱ 下の選択肢から空欄に当てはまるものを選び、日本語と同じ意味になるように、必要に応じて形を変えて空欄に記入しましょう。

❶ ジャックとローズは船の上で恋に落ちた。

Jack and Rose（　　　　　　　）（　　　　　　　）（　　　　　　　） on a ship.

❷ 伯母は私が幼かったころにしばしば私の面倒を見てくれた。

My aunt often（　　　　　　　）（　　　　　　　）（　　　　　　　） me when I was young.

❸ ベスは母にカレーの作り方を教えてもらった。

Beth learned（　　　　　　　）（　　　　　　　）（　　　　　　　） curry from her mother.

❹ あなたの助けがなかったら、そのレポートを書きあげることはできなかっただろう。

（　　　　　　　）（　　　　　　　）（　　　　　　　）, I could not have finished the report.

| take care of | fall in love | how to cook |
| without your help | | |

次の英文を読んで、以下の問いに答えなさい。

1　During her stay in Japan, Mara met a man named Shigetoshi, an **employee** at a securities company.* They **fell in love** and **got married**. Shigetoshi did not want his wife to stay at home and **take care of** him; instead, he **encouraged** Mara to **chase** her dream.

5　When Mara went back to Britain to **focus** on training, Shigetoshi **resigned** from his job, went to England and supported his wife. Later, he taught himself **how to coach** an athlete and became Mara's coach and manager. In January 2008, Mara won the Osaka International Ladies Marathon and then finished in sixth place

10　at the Beijing** Olympics. She **commented** that **without her husband's support**, this would not have been possible. Mara and Shigetoshi are still training to make their dream come true — and hope Mara will compete in the London

15　2012 Olympics.

* securities company : 証券会社
**Beijing : 北京

英文の内容に合うものには○、合わないものには×を書きましょう。

❶ [　　　] Mara's husband, Shigetoshi was working for a computer company when she met him.

❷ [　　　] Shigetoshi remained in Japan when Mara went back to Britain to focus on training.

❸ [　　　] Shigetoshi studied how to coach an athlete on his own.

❹ [　　　] Mara believes that without Shigetoshi's help, she could not have won the Osaka International Ladies Marathon.

Round ③ Oral Reading

Track 48-51

以下のステップに従い、英文が頭に入ったと思うまで音読しましょう。

❶ Track 48 を通して聞き、大まかな内容や英語の流れを把握する。(1〜2回)
❷ Track 49 を聞き、右ページの「発音のポイント」を確認する。(1〜2回)
❸ Track 50 でフレーズごとに区切られた英語を聞き、対応する日本語を確認する。(1〜2回)
❹ Track 50 でフレーズごとに区切られた英語を聞き、その後英語をリピートする。(2〜3回)
❺ Track 51 で日本語を聞き、対応する英語をテキストを見ながら音読する。(2〜3回)
❻ Track 51 で日本語を聞き、対応する英語をテキストを見ずに音読する。(3〜5回)

During her stay in Japan, /
Mara met a man named Shigetoshi, /
an employee at a securities company. //
They fell in love / and got married. //
Shigetoshi did not want his wife to stay at home /
and take care of [1] him; /
instead, / he encouraged Mara / to chase her dream. [2] //
When Mara went back to Britain / to focus on training, /
Shigetoshi resigned from his job, / went to England /
and supported his wife. //
Later, / he taught himself /
how to coach an athlete /
and became Mara's coach and manager. [3] //
In January 2008, /
Mara won the Osaka International Ladies Marathon /
and then finished in sixth place / at the Beijing Olympics. //
She commented / that without her husband's support, /
this would not have been possible. //
Mara and Shigetoshi are still training /
to make their dream come true /
—— and hope / Mara will compete /
in the London 2012 Olympics. //

発音のポイント　Let's Repeat!

1 take care of ────────→ 「テイッケアラ V」

take の語尾は care の語頭と同じ音なので消え、care の
語尾の子音と of の語頭の母音がくっつく。

2 chase her dream ────────→ 「チェイサーヂュリー M」

her の語頭の h が前の音とくっついてはっきり聞こえず、
「チェイサー」となる。

3 manager ────────→ 「マーニヂャ」

日本語の「マネージャー」と異なるので注意。

彼女が日本に滞在している間 /

マーラは成俊という名前の男性に出会いました /

彼は証券会社の社員でした 。//

2人は恋に落ちました / そして結婚しました。//

成俊は妻に家にいてほしいとは思いませんでした /

そして彼の世話をしてほしいとも /

それよりも / 彼はマーラに勧めました / 彼女の夢を追いかけるようにと。//

マーラが英国に戻ったとき / トレーニングに集中するために /

成俊は仕事を辞め、/ 英国に行きました /

そして妻を支えました。//

後に、/ 彼は独学で学びました /

運動選手のコーチの仕方を /

そしてマーラのコーチ兼マネジャーになりました。//

2008年の1月に、/

マーラは大阪国際女子マラソンで優勝し、/

そして6位になりました / 北京オリンピックで。//

彼女はコメントしました / 夫の支えがなかったならば、/

これは成し遂げられなかっただろうと。//

マーラと成俊は今もトレーニングをしています /

彼らの夢を実現するために /

──そして願っています / マーラが出場することを /

2012年のロンドンオリンピックに。//

Round 4 Review Exercises

Track 48

Ⅰ 音声を聞き、内容を思い出しながら、以下の2種類の音読をしましょう。

❶ 英文を見ながら Track 48 の音声にぴったりかぶせるように音読する。(2～3回)

❷ 英文を見ずに Track 48 の音声を2、3語遅れて追いかけるように音読する。(3～5回)

Ⅱ ディクテーションしてみましょう。繰り返し音声を聞いても構いません。

❶ _____ , Mara met a man named

Shigetoshi, ❷ _____ .

They fell in love and got married. Shigetoshi ❸ _____

_____

_____ ; instead, he ❹ _____

_____ . When ❺ _____

_____ , Shigetoshi resigned from

his job, went to England and supported his wife. Later, he

❻ _____ and

became Mara's coach and manager. In January 2008, Mara won the

Osaka International Ladies Marathon and then ❼ _____

_____ . She

commented that without her husband's support, this ❽ _____

_____ . Mara and Shigetoshi are still

training ❾ _____ —— and hope

Mara will ❿ _____ .

Ⅲ 以下の英文には原則として各文に１箇所、間違いがあります。
　　見つけて訂正しましょう。（間違いがない文には下線が引いてあります。）

❶ During she stay in Japan, Mara met a man named Shigetoshi, an
employee at a securities company. ❷ <u>They fell in love and got
married.</u> ❸ Shigetoshi did not want his wife staying at home and
take care of him; instead, he encouraged Mara to chase her
dream. ❹ When Mara went back to Britain to focus training,
Shigetoshi resigned from his job, went to England and supported
his wife. ❺ Later, he taught him how to coach an athlete and became
Mara's coach and manager. ❻ In January 2008, Mara winned the
Osaka International Ladies Marathon and then finished in sixth
place at the Beijing Olympics. ❼ She commented that without her
husband's support, this would not be possible. ❽ Mara and
Shigetoshi are still training to make their dream to come true
—— and hope Mara will compete in the London 2012 Olympics.

Ⅳ 日本語と同じ意味になるように、下線に当てはまる英語を書きましょう。
❶ 彼らは一目で恋に落ちた。
　　They ＿＿＿＿＿＿＿＿＿＿＿＿＿＿＿＿＿＿＿＿＿＿＿＿＿＿.
❷ 娘の面倒を見てくださってどうもありがとうございました。
　　Thank you very much ＿＿＿＿＿＿＿＿＿＿＿＿＿＿＿＿＿＿＿.
❸ この問題の解き方が分からない。
　　I don't know ＿＿＿＿＿＿＿＿＿＿＿＿＿＿＿＿＿＿＿＿＿.
❹ 彼の支えなしには、私はそのプロジェクトを終了できなかっただろう。
　　＿＿＿＿＿＿＿＿＿＿＿＿＿＿, I ＿＿＿＿＿＿＿＿＿＿＿＿＿＿＿
　　the project.

Round 5 Speaking & Writing

■ 日本語を参考に、下線部を埋めながら音読しましょう。

日本滞在中、マーラは証券会社で働く成俊という男性に出会いました。2人は恋に落ち、結婚しました。

During _____, Mara _____ Shigetoshi,

_____. They _____.

成俊は、妻が家にいて彼の世話をしてくれることを望みませんでした。それよりも彼は、マーラに夢を追いかけるように勧めました。

Shigetoshi _____ and take care of him; instead,

he _____.

マーラがトレーニングに集中するため英国に戻ると、成俊は仕事を辞め、英国に行き、妻を支えました。

When Mara went back to Britain _____,

Shigetoshi _____, went to _____.

後に、彼は独学で運動選手のコーチの仕方を学び、マーラのコーチ兼マネジャーになりました。

Later, he _____ and _____.

2008年の1月に、マーラは大阪国際女子マラソンに優勝し、その後北京オリンピックで6位に入賞しました。

In January 2008, Mara _____ and

then _____.

彼女は夫の支えがなかったら、これは成し遂げられなかっただろう、とコメントしました。

She commented that _____, this _____.

マーラと成俊は、夢を実現するために、今もトレーニングをしています——そして、マーラが2012年のロンドン・オリンピックに出場することを願っています。

Mara and Shigetoshi are still training _____ —— and hope

Mara _____.

Ⅱ このUnitの英文に関する質問に英語で答えましょう。

❶ What happened to Mara when she was in Japan?

During her stay in Japan, _____

_____.

❷ What did Shigetoshi do when Mara went back to Britain?

He resigned _____

_____.

Ⅲ このUnitで学習したマーラ・ヤマウチさんの人物伝について、以下のキーワードを参考に、なるべく英文を見ずに、英語で説明しましょう（本文と同じ英語でなくても構いません）。その後、下線に書いてみましょう。

stay in Japan	Shigetoshi	get married
support his wife	become a coach	2008
the Osaka International Ladies Marathon		still training
London 2012 Olympics		

_____

_____

_____

_____

_____

_____

_____

_____

_____

_____

Part 4 Final Exercise

あなたはこれまでに2つの選択肢の間で決断を迷ったことはありますか。Part 4 の Unit 10 で学習した文章構成にならって、1）何と何の間で迷ったのか、2）その結果、どういった理由から片方を選んだのか、短いパラグラフを書いてみましょう。創作でも構いません。

At the age of　　, I _____

_____

_____

_____

On the other hand, _____

_____

_____

_____

_____

Finally, I chose to _____

_____

_____

_____

_____

本書を学習し終えた皆さんへ
大学入試と
その後を見据えた
今後の学習のヒント

　最後までこの本を終了した皆さん、お疲れさまでした。

　英文を、理解し、音読し、タスクをこなしながら、気がつくと英文が頭に残っているという経験をされたのではないでしょうか。本書の目標は、「マスターした英語を使い自分の考えを英語で伝えられるようになること」です。読んだり聞いたりして理解できるだけでなく、自分の考えを言ったり、書いたりできることが重要なのです。そこまでいけば、「英語が分かる」だけでなく、「英語を使える」感覚が得られます。本書のステップに従って学ぶことで、どのように学習すれば英語力がアップするか、体験的に理解できたと思います。学習を続ければ、確実に「英語を使いこなせる人」になっていくでしょう。次のページからは、大学入試を突破するために、そしてその後も英語を使って活躍するために、今後どのような学習をすればよいか考えてみましょう。

入試で求められる速読力を培う

この本の学習法で基礎力を身につけた皆さんには、時に英文を自動化する学習も続けながら、今後2つの方向性に従って学習を継続してほしいと思います。1つは「多読」です。大学入試では、量の多い英文を短時間で読んだ上で、問題に解答しなければなりません。中には、1長文が1,000語以上に及ぶ問題を出題する大学もあります。そして、大学生・社会人になった後は、さらに多くの英文に目を通し、情報を得ることが求められます。英文の処理スピードを上げるためには、「易しい英文をたくさん読む」学習が必要です。多読用書籍も数多く販売されていますので、分からない語彙がほとんどない、読みやすい英文を選び、できるだけ数多く読んでく

ださい。英文1文に分からない単語は1語以内が目安です。1文に知らない単語が2語以上ある英文は避けた方が無難です。また、飽きずに続けるためには、興味の持てる英文から始めて、徐々にトピックの幅を広げていくといいでしょう。

難文を理解する力をつける

一方で、読んですぐに理解できない文を「精読」して克服することも重要です。精読をすることで、理解の幅が広がり、高いレベルの英語が読めるようになるからです。大学入試には、難しい構文の和訳問題も出題されています。長文読解でも、英文によっては、文法・

語法の知識を使い構造分析することも必要になるでしょう。また、社会人になってから、取引先から受け取ったEメールや契約書の内容を正確に理解するためにも、難しい文章を細部まで理解できる実力をつけておきたいものです。

精読に適した教材の選び方についてですが、文構造や語彙が難しくなる分、英文があまり長いと途中で挫折してしまう危険性があります。100語以内の短い英文から始めるのが良いでしょう。あるいは、学校で学習した教材を復習として精読するのも効果的です。英文をしっかりと理解したら、特に難しいと思われる英文について、音読して頭に入れてしまいましょう。

辞書・文法書の読書のススメ

英語の奥深さ・面白さに触れる

精読をする際には、辞書や電子辞書、文法書をどんどん活用してください。といっても、辞書を何度も引き、文法書とにらめっこしながらやっと1文を理解する、というのでは、非常に時間がかかってしまいます。難しい英文は、和訳や解説を読んだり、時には学校の先生に質問をしたりしながら、効率良く理解しましょう。

その上で私がお薦めするのは、辞書や文法書を「読書する」ことです。辞書・文法書には、英語を運用する上で役立つ知識が豊富に詰まっています。手元に置いておき、暇があれば手にとって読み、英語の知識を増やして

ください。そのためにも、読んで楽しい、新しい気づきがある辞書や文法書をお薦めします。例えば、"Can you speak English?"と"Do you speak English?"の違いについて触れてある文法書であれば、実際にどのような場面でどの表現を使えばよいのかが分かるので、覚えた知識を使ってみたいと思うでしょう。また、例文が興味の持てる内容かどうかも重要なポイントです。できれば、例文につながりがあり、1つのストーリーになっていると、英語が定着しやすいと思います。次ページにお薦めの書籍をご紹介していますので、参考にしてください。

発信力向上のススメ

バランスの取れた英語力が入試でも力を発揮

「多読」「精読」と並行して、スピーキングやライティングの練習もぜひ取り入れてください。しかし、スピーキングに関しては、1人で練習するのは難しいかもしれません。そこで、スピーキングの準備段階として、まずは音読を継続してください。音読することによって口が慣れていきますし、頭の中に英語が入っていきます。電車の中などで声を出すことができない場合は、英文を聞きながら心の中で英語を繰り返す「脳内シャドーイング」を取り入れるなど、工夫してみてください。

ライティングに関しては、さまざまな問題集が出版されていますが、まずは、1文単位での英作文、それもできるだけ易しいものから学習します。慣れてきたら、徐々に長めの英作文にステップアップします。そのほか、英語で日記を書いてみる、教科書や問題集で

読んだ英文について要約や感想文を英語で書いてみる、といった練習も効果を発揮します。難しい語彙や文法を無理に使おうとせず、知っている語彙や文法の精度を高めるつもりで、辞書や文法書を使いながら書いてみてください。「分かる英語」が「使える英語」になっていく過程を実感できるでしょう。

スピーキングはもちろん、ライティング（英作文）も、「一部の大学以外では入試に出ないので必要ない」と思われるかもしれません。しかし、これまで指導してきた経験から、「読む練習ばかりしていると不安定な英語力しか身につかず、入試に合格するのは難しい」ということが言えます。バランスの良い英語力を身につけることは、結果として入試にも威力を発揮します。学習すべき内容は多岐にわたりますが、頑張ってください。

オススメ書籍リスト

5 STEP アクティブ・リーディング

著者：和田玲
価格：1,600円＋税
出版社：アルク

本書の学習後、大学入試を視野にさらに高いレベルで英語を自動化したい人にお薦め。150 語程度の英文を用いて、語彙の導入からリスニング、精読、音読、そして確認問題と、5 つのステップを通して英語を自動化していきます。英文のテーマは、社会、科学、環境など多岐にわたり、入試にも頻出。学習を通じて世界への関心も広がります。

Oxford Bookworms Library

著者：書籍により異なる
価格：715 円＋税～
　　　（レベルにより異なる）
出版社：オックスフォード大学出版局

英語学習者向けに語彙や文法事項などによって段階分けされているグレイディッド・リーダーシリーズ。全 7 レベルあり、学習者のレベルに応じた本を選ぶことで辞書なしで読み進めることができます。誰もが知っている不朽の名作から映画の原作、ノンフィクションまでさまざまなタイトルが揃っており、英語で読書する楽しさが味わえます。

英語で泣ける　ちょっといい話

編者：ちょっといい話制作委員会
価格：1,400円＋税
出版社：アルク

英語圏、特にアメリカで長い間読まれ続けている作者不明の「泣ける・心に響く」20 話を収録。ナレーション音声は無料でダウンロードできるので、多読だけでなく、音読やディクテーションなどにも活用できます。使われている語彙は英検 3 級から準 2 級レベルで「英文読解 G トレ　標準レベル」と同じです。

英語で泣ける　ちょっといい話2

編者：ちょっといい話制作委員会
価格：1,400円＋税
出版社：アルク

家族やペット、ソーシャルネットワークまで、幅広いテーマから 19 話を収録。基本的な構文をベースにリライトした読みやすい英文なので、本書をクリアした人であれば、英語そのままで理解することもできるはずです。もちろん固有名詞や難しい単語には語注が付いているので、英語が苦手な人でも気軽に読み進めることができます。

『英文読解Gトレ』終了後の学習に特に役立つ書籍を厳選しました。
これらの書籍も参考にしながら、自分に合った学習方法を見つけてください。

ENGLISH JOURNAL

価格：1,400円＋税
出版社：アルク

本書の学習後、大学入学後や社会に出てからも英語を活用したい人にオススメ。有名人のインタビューや世界のニュースなど、バラエティー豊かな素材で楽しみながら英語力を身につけることができます。学習コーナーの英文には対訳と註注、生の音声が付いているので、目的やレベルに合わせた幅広い学習が可能です。

ゼスター総合英語

監修：今井康人
価格：1,450円＋税
出版社：Z会出版

高校の先生方が中心となって制作した、高校生のための文法参考書。文法を知識として覚えるだけでなく、「具体的にどう使うのか」まで踏み込んで解説されています。例文を合わせると1つのストーリーになるので、文脈の中で英文法の使い方が理解でき、音読して内在化することで、英語の使い方とともに文法・語法を定着させることができます。

ベニシアの心の旅

編者：ベニシア・スタンリー・スミス
価格：1,600円＋税
出版社：世界文化社

NHK番組「猫のしっぽ カエルの手」で人気の「ベニシアのエッセイ」25点を編集したもので、DVD付きの書籍となります。DVDには美しい映像、心地よい音楽と共にベニシアさんの英語の朗読が、書籍には英語の原文と和訳が掲載されています。何度も読んでも癒されるベニシアさんのエッセイは音読教材としても最適です。

聞ける、話せる、続けられる 英会話は質問力

著者：浦島久
価格：1,600円＋税
出版社：オープンゲート

英会話表現を身につけたい人にオススメ。会話で重宝する180の質問が掲載されています。一つ一つの質問文は短く、中学英文法レベルで書かれているので取り組みやすいです。音読、シャドーイング、英借文、口頭英作文など、「読む、聞く、書く、話す」のトレーニングを通じて、しっかりと会話表現を定着させることができます。

今井 康人　IMAI, Yasuhito

立命館中学校・高等学校（京都）に勤務。1960年生まれ。38年間、高等学校で教鞭をとっている。2003～2010年までの8年間、函館中部高校 SELHi 研究主任を務め、音読・暗写を核とした英語学習法「HC ラウンドシステム」をチームで開発・実践し、注目された。さらに、2014年6月に立命館高校 MS コースにおいて新英作文指導法「SSCC（同時自己添削英作文）とCOC（連鎖意見英作文）」を研究開発し、生徒の英語力向上に貢献。その指導法は全国に広がっている。趣味は、写真撮影とゴルフ・Jazz 鑑賞。著書に『英文読解 G トレ 標準レベル』『英文読解 G トレ 応用レベル』（アルク）、『ゼスター総合英語』（Z会出版）、『英語力が飛躍するレッスン』（青灯社）など多数。

書名	英文読解 Gトレ 標準レベル
発行日	2020年10月7日（初版）

著者	今井康人
編集	文教編集部
英文執筆	Kay Hetherly、Eda Sterner、Owen Schaefer
英文校正	Owen Schaefer、Peter Branscombe
アートディレクション	細山田光宣
デザイン	小野安世（細山田デザイン事務所）
イラスト	小松希生
写真提供	マーラ・ヤマウチ
ナレーション	Dominic Allen、Julia Yermakov、八木かおり
録音・編集	千野幸男（有限会社ログスタジオ）
DTP	朝日メディアインターナショナル株式会社
印刷・製本	図書印刷株式会社
発行者	天野智之
発行所	株式会社アルク
	〒102-0073 東京都千代田区九段北 4-2-6 市ヶ谷ビル
	Website: https://www.alc.co.jp/

中学・高校での一括採用に関するお問い合わせ：koukou@alc.co.jp（アルクサポートセンター）

地球人ネットワークを創る

アルクのシンボル
「地球人マーク」です。

英語の処理を自動化する
Great Training

英文読解Gトレ 標準レベル

[解答・解説集]

CONTENTS

今井先生の英語のお悩み相談室

Round ① Vocabulary & Useful Expressions

I

❶ doctor 〔n〕 = ⓑ a person who fixes medical problems
医者 = 医学上の問題を治す人

❷ hurt 〔v〕 = ⓔ to feel pain
痛む = 痛みを感じる

❸ elbow 〔n〕 = ⓓ the big joint in the middle of your arm
肘 = 腕の中央にある大きな関節

❹ chin 〔n〕 = ⓒ the part of your face below your mouth
顎 = 顔の一部分で口の下にあるもの

❺ knee 〔n〕 = ⓐ the big joint in the middle of your leg
膝 = 脚の中央にある大きな関節

❻ ankle 〔n〕 = ⓕ the joint that connects your foot to your leg
くるぶし = 足を脚につないでいる関節

II

❶ My body hurts (wherever) I touch it.

wherever＋S＋Vで、「SがVするところならどこでも」の意味になる。

❷ (Show) (me) your passport.

❸ My sister suddenly (started) (to) (cry).

❹ George knows (what) the problem is.

what以下は間接疑問のため、「疑問詞＋S（the problem）＋V（is）」の語順になる。

❺ This machine (is) (broken).

全文訳

若い女性が診療所へ行き、医者に、体中触ったところが痛むと言いました。医者は、「本当ですか？ それはとても珍しいですね。見せてください」と言いました。女性は肘に触り、「いたっ」と言いました。それから彼女は顎に触り、「ううっ」と言いました。それから彼女は膝に触り、「ギャー」と言いました。それから彼女はくるぶしに触り、泣き出しました。医者は言いました。「泣かないでください。問題は分かっています。あなたの指が折れているんです」。

---

❶ ［×］

(訳)　女性は熱があったので、医者の所へ行った。

(解説) 2行目に、女性が医者に「体中触ったところが痛い」と伝えている記述はあるが、熱があるとは言及されていない。

❷ ［×］

(訳)　医者は女性の問題がとても一般的だと言った。

(解説) 3行目で、医者が「それはとても珍しい」と言っている。

❸ ［○］

(訳)　女性が顎に触ったとき、痛みを感じた。

(解説) 4～5行目の記述と一致。

❹ ［×］

(訳)　女性は悲しかったので泣き出した。

(解説) 6～7行目の記述から、女性が泣いたのはくるぶしを触って痛かったから、と分かる。

❺ ［○］

(訳)　女性は指に問題があった。

(解説) 9行目の記述と一致。

Unit 1

Round ④ Review Exercises

II

❶ went to a doctor's office

❷ that her body hurt wherever

❸ Show me

❹ touched her elbow and said

❺ touched her chin and said

❻ touched her knee and said

❼ touched her ankle and started to cry

❽ I know what the problem is

❾ finger is broken

III

❶ A young woman went to a doctor's office and told ~~to~~ the doctor that her body hurt wherever she touched it. ❷ <u>The doctor said, "Really?</u> ❸ That's very unusual~~ly~~. ❹ <u>Show me."</u> ❺ ~~A~~ The woman touched her elbow and said, "Ouch!" ❻ Then she touched her chin and said, "Yow!" ❼ Then she touched her ~~nee~~ knee and said, "Yikes!" ❽ Then she touched her ankle and started to cry. ❾ <u>The doctor said, "Don't cry.</u> ❿ I know what ~~is~~ the problem is. ⓫ Your finger ~~was~~ is broken."

❶ tell ＋ O（人）＋ that 節で、「O に〜だと話す」の意。「tell to O」とはならない。

❸ 主語＋ be 動詞の後に続き文を作るのは（代）名詞や形容詞など。「主語＋ be 動詞＋副詞」にはならない。

❺ ここでの woman はすでに英文に登場している「診療所に来た若い女性」を指すので、不定冠詞 A ではなく、定冠詞の The が適当。

❻ ここでは女性の顎を指すので her chin となる。

❼ 膝の発音は［níː］だがスペリングは knee。

❽「〜し始める」は、start to do または start doing で表す。

❿ 間接疑問では、「疑問詞＋ S ＋ V」の語順になる。

⓫ "Your finger was broken." だと、「過去に指が折れていたが、この話の時点では折れていない」という可能性もある。この医者が話した時点で「指が折れている」状態にあったので、"Your finger is broken." が妥当。

Ⅳ

❶ Anne makes friends <u>wherever she goes</u>.

❷ My grandmother <u>showed me an old picture</u>.

❸ My mother <u>started to laugh</u> when she heard my father's joke.

❹ I didn't know <u>what his problem was</u>.

❺ <u>The window was broken</u> when we saw it.

Round ⑤ Speaking & Writing

II （解答例）

❶ なぜ女性は診療所に行ったのですか。
Because her body hurt wherever she touched it.

❷ 彼女の本当の問題は何でしたか。
Her finger was broken.

III

A young woman went to a doctor's office and told the doctor that her body hurt wherever she touched it. The doctor said, "Really? That's very unusual. Show me." The woman touched her elbow and said, "Ouch!" Then she touched her chin and said, "Yow!" Then she touched her knee and said, "Yikes!" Then she touched her ankle and started to cry. The doctor said, "Don't cry. I know what the problem is. Your finger is broken."

今井先生の
英語のお悩み相談室❶

「単語が覚えられません」

生徒：全般的に暗記が苦手です。単語集を使って英単語を覚えているのですが、覚えてもすぐに忘れてしまいます。どうしたらいいですか。

今井先生：暗記が苦手な人は多いですね。僕もそうでしたので、「無理矢理覚えてもすぐに忘れてしまう」という気持ちは分かります。では、どうしたらよいのでしょうか。まず1つは反復です。**覚えた内容は、時間の経過と共にどんどん忘れていきます。だからこそ、一定の間隔をおいて反復することが重要なのです。**単語集を使っている場合は特に、前の日に覚えた単語を次の日にもう一度復習する、その1週間後に復習する、さらに1カ

月後に復習する、というように、忘れたころを狙って復習を繰り返しましょう。もちろん、毎日復習できればより理想的です。次に、五感に訴えかけながら覚えることも重要です。目で読み、耳で聞き、声に出し、手で書く。音と文字を一緒に覚えることが大切ですね。**目で読むだけでなく、音声を活用して音読したり、時には紙に書いたりして覚えましょう。**手元に紙がないときなどには、スペリングを宙に書いてみる "air writing" も有効です。さらには、文章と一緒に覚えるとより単語が定着します。面白い英文に出合ったら、登場する単語はすべて覚えてしまうつもりで音読しましょう。

Unit 2

Round ① Vocabulary & Useful Expressions

I

❶ road 〔n〕 = ⓓ a special track built for cars to drive on
道路 ＝ 車が走るために作られた特別な道

❷ penguin 〔n〕 = ⓐ a black and white bird which cannot fly and lives around the South Pole
ペンギン ＝ 白黒で、南極付近に住んでいる飛べない鳥

❸ (police) officer = ⓔ a policeman or policewoman
警察官 ＝ 男性または女性の警察官

❹ zoo 〔n〕 = ⓒ a place where various animals are kept for visitors to come and look at them
動物園 ＝ 人々がそこを訪れて見ることができるように動物が飼われている場所

❺ agree 〔v〕 = ⓕ to say yes
〜に同意する ＝ 「はい」と言う

❻ reply 〔v〕 = ⓑ to answer
返事をする ＝ 答える

II

❶ You (shouldn't) (drive) after you drink alcohol.

❷ The teacher (took) the students (to) the gym.

「take＋O＋to 〜」で、「〜にOを連れていく[持っていく]」という意味。

❸ Kate was sitting in the (back) (of) the classroom.

❹ My mother (told) me (to) do my homework.

「tell＋O（人）＋to不定詞」は「Oに〜するように言う、命じる」という意味。

❺ Sue (is) (taking) an English speaking test now.

全文訳

1人の男が、20羽のペンギンを車の後部座席に乗せて、道路を走っていました。警察官が彼を止めて、ペンギンを車に乗せて走ってはいけない、動物園に連れていくように、と言いました。男は同意し、走り去りました。その翌日、同じ男が再び20羽のペンギンを車の後ろに乗せて、道路を走っていました。彼は同じ警察官に呼び止められました。警察官は言いました。「おい！私はそのペンギンを動物園に連れていくように言ったはずだが」。男は答えました。「そうしましたよ。今日は、映画に連れていくところなんです」。

❶ [○]

（訳）　20羽のペンギンが車で運ばれていた。
（解説）1～2行目の記述と一致。

❷ [○]

（訳）　警察官は、男にペンギンを動物園に連れていくようにと言った。
（解説）2～4行目の記述と一致。

❸ [×]

（訳）　男は警察官の考えに同意しなかった。
（解説）4行目に、「男は同意して走り去った」とある。

❹ [×]

（訳）　その翌日、同じ男が12羽のペンギンと一緒に道路を車で走っていた。
（解説）a dozenは、「12の」という意味。5～6行目に、「20羽のペンギンを乗せて」とあるので×。

❺ [×]

（訳）　男がペンギンを動物園に連れていったので、警察官は嬉しいに違いない。
（解説）直接該当する記述はないので、英文の内容から推測して答える。男はペンギンを動物園に連れていったが、警察官が考えていたように動物園にペンギンを引き取ってもらうためでなく、ペンギンを楽しませるために行っただけなので、警察官は嬉しくないと推測できる。

Round ④ Review Exercises

Ⅱ

❶ driving down the road

❷ in the back seat of his car

❸ he shouldn't drive around

❹ he should take them to the zoo

❺ agreed and drove away

❻ with 20 penguins in the back of his car

❼ I told you to take those penguins

❽ I'm taking them to a movie

Ⅲ

❶ A man was driving down the road with 20 ~~penguin~~ penguins in the back

seat of his car. ❷ A police officer stopped him and said that he

shouldn't drive around with penguins in his car and he should

take them ∧to the zoo. ❸ ~~A~~ The man agreed and drove away. ❹ The next

day, the same man was driving down the road with 20 penguins in

the back of ∧his car again. ❺ He was stopp~~ing~~ed by the same police

officer. ❻ The officer said, "Hey! ❼ I thought I told you ~~taking~~ to take

those penguins to the zoo." ❽ The man replied, "I ~~do~~ did. ❾ Today I'm

taking them to a movie."

❶ 「20 羽のペンギン」なので penguin は複数形。
❷ zoo はペンギンを連れていく場所を表しているので、方向を表す前置詞 to が必要。
❸ man は既出なので定冠詞 The が適当。
❹ car はここでは具体的に「男の（運転している）車」を指すので his car とする。
❺ he was stopping は、「彼は止まりかけていた」という意味。その後の「警察官によって」という
部分とつながらない。
❼ 「tell ＋ O ＋ to 不定詞」は、to 不定詞の代わりに動名詞を取ることはできない。
❽ "I do." だと、「これからそうする」という意味になり、内容に合わない。

Ⅳ

❶ You <u>shouldn't take</u> too much sugar.

❷ I'll <u>take this cake to the party</u> tonight.

❸ The old man <u>was sitting in the back of</u> the movie theater.

❹ My boss <u>told me to write</u> a report.

❺ I <u>am reading an interesting</u> novel.

Unit **2**

Round **5** Speaking & Writing

Ⅱ （解答例）

❶ 1日目に、警察官は男に何と言いましたか。
The police officer said that the man shouldn't drive around with penguins in his car and he should take them to the zoo.

❷ 翌日、なぜ警察官は男を止めたのですか。
Because the man was driving down the road with 20 penguins in the back of his car again.

Ⅲ

A man was driving down the road with 20 penguins in the back seat of his car. A police officer stopped him and said that he shouldn't drive around with penguins in his car and he should take them to the zoo. The man agreed and drove away. The next day, the same man was driving down the road with 20 penguins in the back of his car again. He was stopped by the same police officer. The officer said, "Hey! I thought I told you to take those penguins to the zoo." The man replied, "I did. Today I'm taking them to a movie."

今井先生の
英語のお悩み相談室 ❷

「文法が苦手です」

生徒：文法が難しく、またつまらないので学習する気が起きません。

今井先生：「文法が難しい」「面白くない」と悩む人は多いですね。実は僕も文法が苦手でした。そんな僕が文法の本を書いたのだから、人生とは不思議なものです。僕は、文法へのアプローチの仕方を変えてから、「文法は難しくない」「面白い」と思えるようになりました。文法は、問題を解くための道具ではありません。実は、自分の考えを伝えるためのツールなのです。**文法を知っていれば、新しい文が次々と作れるので、外国の人と会話が**できたり、メールやインターネットを通じてコミュニケーションを図れたりします。単語をつなぎ合わせただけの英文でも何とか意思を伝えることはできるかもしれませんが、できれば美しい英文で、誤解なくスムーズにやり取りをしたいですよね。**そういう自分をイメージしながら学んでください。**また、文法学習には自分に合った、理解しやすい文法書を使うことも大切です。いろいろな文法書や総合英語の参考書がありますから、本屋さんでいろいろと読みながら、自分が納得できる1冊を探してみましょう。

Unit 3

Round ① Vocabulary & Useful Expressions

I

❶ retire〔v〕= ⓓ to stop working when a person gets old
退職する = 年をとったときに働くのをやめる

❷ move〔v〕= ⓒ to change the place where you live
引っ越す = 住む場所を変える

❸ vacation〔n〕= ⓔ the time when students do not have school
休暇 = 生徒にとって学校がない時期

❹ nearby〔adj〕= ⓕ not far away
近くの = 遠くない

❺ noise〔n〕= ⓐ a sound people do not want to hear
騒音 = 人が聞きたくない音

❻ waste〔v〕= ⓑ to use something in a bad way
〜を浪費する = 物を悪い方法で使う

II

❶ My house is (next) (to) the public library.

❷ Three (weeks) (later), Kenta left for Hokkaido.

❸ This song (reminds) me (of) my grandmother.

> 「S＋remind＋O（人）＋of 〜」は、直訳すると「SはOに〜のことを思い出させる」となるが、文意を解釈して「Sを見ると[聞くと]、Oは〜を思い出す」と訳すと分かりやすい。

❹ (One) (of) my friends lives in London.

> 「one of ＋名詞の複数形」で、「名詞の中の1つ[1人]」という意味。その後に動詞が続く場合、ここでのように、主語 one を受けて単数形になるので注意する。

❺ We (are) (going) (to) see a movie this weekend.

全文訳

ある老人が仕事を退職し、静かな公園の隣にある小さな家に引っ越しました。1週間後、近くの高校で、夏休みが終わり、新学年が始まりました。放課後、3人の生徒が公園に行きました。彼らは笑い、ジョークを言い、ひどく物音を立てました。老人は彼らの所に行き、言いました。「君たちを見ていると、若かったころのことを思い出すよ。もし君たちが毎日公園に来るのなら、毎週、1人につき5ドルあげよう」。少年たちは喜び、お金を受け取りました。翌週、老人は少年たちの所に行き、言いました。「すまない。今週はあまりお金を持っていないんだ。君たちにあげられるのは25セントだけだ」。少年たちのうちの1人は言いました。「何だって？ たったの25セントかい？ 俺たちはたった25セントのために、ここで時間を無駄にするつもりはないぞ！」少年たちは立ち去り、公園はまた静かになりました。

---

❶ [○]

（訳） その老人は、仕事を引退してから小さな家に引っ越した。
（解説）1行目の記述と一致。

❷ [×]

（訳） 3人の高校生たちは、笑ったりジョークを言ったりしたので、老人は楽しかった。
（解説）老人の気持ちについての明確な記述はないが、少年たちは「大騒ぎをし」（4 ～ 5行目）、老人は最終的に少年たちを追いだしたので、楽しくはなかったと想像できる。

❸ [×]

（訳） 老人は、少年たち1人につき5ドルを毎日あげると約束した。
（解説）6行目で老人は、「毎週5ドルあげる」と言っている。

❹ [×]

（訳） 少年たちが去ってしまったので、老人は嬉しくなかった。
（解説）老人は、少年たちが公園で騒いで迷惑だったが、とんちで追い払うことに成功したので。

Round **4** Review Exercises

Ⅱ

❶ retired from his job

❷ a small house next to a quiet park

❸ summer vacation ended and the new school year started

❹ laughed and joked and made a lot of noise

❺ You remind me of when I was young

❻ if you'll come to the park every day

❼ the old man went to the boys and said

❽ All I can give you is a quarter

❾ We're not going to waste our time here

Ⅲ

❶ An old man retired from his job and moved ^(to) a small house next to a quiet park. ❷ A week ~~latter~~ later, summer vacation ended and the new school year started at a nearby high school. ❸ After ~~the~~ school, three students went to the park. ❹ They laughed and joked and ~~took~~ made a lot of noise. ❺ The old man went to them and said, "You remind me ~~with~~ of when I was young. ❻ I'll give you each $5 every week if you'll come to the park every day." ❼ The boys were happy and ~~gave~~ took the money. ❽ The next week, the old man went to the boys and said, "I'm sorry. ❾ I don't have ~~many~~ much money this week.

⑩ <u>All I can give you is a quarter."</u> ⑪ One of the ~~boy~~ ^{boys} said, "What?

⑫ <u>Only a quarter?</u> ⑬ <u>We're not going to waste our time here for</u>

<u>only a quarter!"</u> ⑭ The boys went away and ˄the park was quiet again.

- ❶ moved a small house だと、「小さな家を移動させた」となる（この場合の move は他動詞）。文法的にはあり得るが、話の筋が通らない。
- ❷ latter は「後者（の）」という意味。使い分けに注意。
- ❸ この場合の school は建物・施設としての「学校」ではなく、「授業」や「就学時間」のことを指しているので、無冠詞が適当。after school で「放課後」という意味。
- ❹ 「物音を立てる」は make a noise である。ひとまとまりで覚えよう。
- ❺ remind とセットになって使われる前置詞は of である。
- ❼ 「少年たちは喜び、そのお金をあげた（gave the money）」では意味が通らない。
- ❾ 一般的な「お金」という意味の money は不可算名詞なので、many は使えない（many は many books など、可算名詞にのみ使用可能）。
- ⑪ 複数いる少年のうちの１人なので、one of the boys となる。
- ⑭ park は今話題に上っている特定の公園なので、定冠詞 the がつく。

IV

- ❶ My aunt's house <u>is next to</u> an elementary school.
- ❷ <u>One month later</u>, I moved to Osaka.
- ❸ This picture <u>reminds me of my hometown</u>.
- ❹ <u>One of my classmates</u> entered Harvard University.
- ❺ I'm going to cook curry and rice.

Round ⑤ Speaking & Writing

Ⅱ （解答例）

❶ 老人にとっての問題は何でしたか。
In the park next to his house, three high school students (laughed and joked and) made a lot of noise.

❷ 老人は最後に嬉しく思いました。なぜですか。
Because the boys went away and the park was quiet again.

Ⅲ

An old man retired from his job and moved to a small house next to a quiet park. A week later, summer vacation ended and the new school year started at a nearby high school. After school, three students went to the park. They laughed and joked and made a lot of noise. The old man went to them and said, "You remind me of when I was young. I'll give you each $5 every week if you'll come to the park every day." The boys were happy and took the money. The next week, the old man went to the boys and said, "I'm sorry. I don't have much money this week. All I can give you is a quarter." One of the boys said, "What? Only a quarter? We're not going to waste our time here for only a quarter!" The boys went away and the park was quiet again.

❶ An old man went to a hospital and told the doctor that his body hurt wherever he touched it.

❷ He moved his leg and said, "Ouch."

❸ A child was walking down the street with three books in his bag.

❹ The teacher said, "Hey! I thought I told you to return those books to the library."

❺ Taro's parents retired from their jobs and moved to a small house next to Taro's apartment.

❻ Yumiko's voice reminds me of when her mother was young.

Unit 4

Round ① Vocabulary & Useful Expressions

I

❶ name〔v〕= **b** to give a name to somebody or something
〜に名前をつける = 人または物に名前をつける

❷ scar〔n〕= **a** a mark left on your skin after you hurt yourself
傷跡 = けがをした後に皮膚に残る印

❸ adopt〔v〕= **f** to accept an animal or a child from outside your family as a family member
〜を引き取る = 家族ではない動物や子どもを家族の一員として受け入れる

❹ shelter〔n〕= **g** a place where people or animals can stay safely
避難所 = 人や動物が安全に滞在できる場所

❺ terrified〔adj〕= **d** very afraid
おびえて = とても怖がって

❻ huge〔adj〕= **c** very big
巨大な = とても大きい

❼ disappear〔v〕= **e** to become unable to be seen
消える = 見えなくなる

II

❶ I have a cat (named) Pochi.

> 現在分詞(-ing)や過去分詞(-ed)は、名詞を修飾することができる。ここでのPochiのように、分詞の後に語句が続いて分詞句になる場合は名詞の後に置かれる。

❷ Mr. and Mrs. Smith (adopted) a child (from) overseas.

❸ Taro (is) (terrified) (of) his mother.

❹ Taro hid his score report (just) (as) his mother entered his room.

> ここでのasは、「〜すると同時に」という意味の接続詞だが、justがその前につくと、「〜するまさにそのとき」という意味になり、同時性がより高まる。

全文訳

私は16歳のとき、クリッパーという名前の犬を飼っていました。クリッパーは、片方の耳に傷跡がある、黒と白のぶちのボストンテリア犬でした。私たちは彼を動物保護施設から引き取り、彼は私の親友になりました。私は毎週末に彼を公園に連れていき、彼はフリスビーをキャッチして遊ぶの が大好きでした。クリッパーの最大の問題は、彼が雷を怖がったことです。ある日、私の母が、嵐の中を家に向かっていました。母が玄関のドアを開けたちょうどそのとき、大きな雷がとどろきました。クリッパーはおびえました。彼は家から飛び出し、いなくなりました。

---

❶ [×]

（訳）　クリッパーは両方の耳に傷跡があった。

（解説）2行目に、「（クリッパーは）片方の耳に傷跡があった」とある。

❷ [○]

（訳）　筆者は、クリッパーを動物が保護されている施設からもらい受けた。

（解説）2〜3行目の記述と一致。

❸ [○]

（訳）　筆者はクリッパーを土曜日と日曜日に公園に連れていった。

（解説）3〜4行目の記述と一致。

❹ [×]

（訳）　クリッパーは激しい雨を怖がった。

（解説）5〜6行目にあるように、クリッパーが怖がったのは「雷」。

❺ [×]

（訳）　クリッパーは自由になりたかったので、家から飛び出した。

（解説）9〜10行目にあるように、クリッパーが家から飛び出したのは、雷が怖かったから。

Round **4** Review Exercises

II

❶ I had a dog named

❷ was a black and white

❸ with a scar on one ear

❹ adopted him from an animal shelter

❺ took him to the park on weekends

❻ that he was terrified of thunder

❼ was coming home during a storm

❽ opened the front door just as

❾ dashed out of the house, and disappeared

III

❶ When I was 16, I had a dog ~~name~~ named Clipper. ❷ Clipper was a black and white Boston terrier with~~in~~ a scar on one ear. ❸ We adopted him from an animal shelter, and he became ~~to~~ my best friend. ❹ I took him to the park on weekends, and he ~~was~~ loved to play catch with the Frisbee. ❺ Clipper's biggest problem was that he was terrified ~~from~~ of thunder. ❻ One day, my mother was coming home during a storm. ❼ She opened the front door just as a huge thunderclap boomed. ❽ Clipper ~~is~~ was terrified. ❾ He dashed out of the house, and ~~appeared~~ disappeared.

❶ 第 1 文は、「私は犬を飼っていた、その犬の名は…」という流れ。よって name を過去分詞にし、a dog に続けて後置修飾すればよい。

❷ within は「〜の中に」「〜の範囲内で」という意味の前置詞。with のように所有の概念は表さない。

❸ 「〜になる」という意味の become は、補語となる名詞や形容詞がすぐ後に続く。前置詞 to は必要ない。

❹ フリスビーをキャッチして遊ぶのが好きだったのはクリッパー。He was loved to ... だとクリッパーが「フリスビーをキャッチして遊ぶために（誰かから）愛されている」ことになり、意味が通らない。

❺ be terrified of 〜はひとまとまりで覚える。

❻ 文には述語動詞が必要。現在分詞 coming は単独では述語動詞にならないので、be 動詞をつけて進行形にする。

❼ front door は可算名詞なので、通常は冠詞が必要。ここでは文脈から筆者の家の玄関のドアと特定できるため、定冠詞 the が適当。

❽ 過去の話なので過去時制の was にする。

❾ 「家から飛び出し、現れた」では文脈上おかしい。

Ⅳ

❶ Jane <u>has a rabbit named</u> Mimi.

❷ Jane <u>adopted the rabbit from</u> her friend.

❸ Ted <u>is terrified of the principal</u>.

❹ <u>The principal came in just as</u> Ted threw some trash on the floor.

Round ⑤ Speaking & Writing

Ⅱ （解答例）

❶ クリッパーについて描写しなさい。
Clipper was a black and white Boston terrier with a scar on one ear.

❷ 筆者はどこでクリッパーを手に入れましたか。
The writer adopted him from an animal shelter.

❸ クリッパーの最大の問題は何でしたか。
Clipper was terrified of thunder.

❹ 筆者の母親がドアを開けたとき、何が起こりましたか。
Clipper dashed out of the house, and disappeared.

Ⅲ （解答例）

When I was 16, I had a dog named Clipper. He was a black and white Boston terrier and had a scar on one ear. Clipper became my best friend. On weekends, we played in the park with the Frisbee. Clipper's problem was that he was terrified of thunder. One day, during a storm, a huge thunderclap boomed. Clipper was terrified. He dashed out of the house and disappeared.

今井先生の
英語のお悩み相談室 ❸

「英文がスラスラ読めません」

生徒：分からない単語はほとんどなく、文の
構造も時間をかければ分かるのに、英文を読
んでも内容がピンとこないことがあります。
また、読むスピードが遅いのも悩みです。
今井先生：「分からない単語はほとんどない」
とのことですが、幅広い広がりを持つ単語の
イメージや使い方を的確につかんでいます
か。例えば get は「～を手に入れる」とい
う意味だけでなく、「～を取ってくる、聞き
取る、習得する、（～の状態）にする」など、
文脈によりさまざまな意味を持ちます。**単語
集などを使って 1 単語につき 1 つの語義を
覚えたら、次はその単語の広がりを知るよう
に努力しましょう。** 辞書の例文を読むことで

英単語のいろいろな使い方に触れることがで
きます。単語の持つイメージがカラフルなイ
ラストで表現されている、読んで楽しい辞書
も出ていますから、ぜひ活用してください。

　読むスピードを上げるためには、すべての
英語を和訳してから理解する癖を直さなけれ
ばなりません。そのためには、内容を理解し
た易しい英文を何度も音読して、頭から一定
のスピードで英語を理解する練習をすること
です。本書をぜひ活用してください。また、
学校の教科書を復習しながら音読するのもお
薦めです。慣れてきたら、頭の中に日本語で
はなく、映像をイメージさせながら読むよう
に徐々にシフトしていきましょう。

Unit 5

Round ① Vocabulary & Useful Expressions

I

❶ look for = ⓐ to try to find something or somebody
~を探す = 人や物を見つけようとする

❷ give up = ⓒ to decide to stop doing something without reaching the
goal
~を諦める = 目的を達しないうちに、何かをやめようと決める

❸ promise 〔v〕= ⓓ to say to others that you will definitely do something
~を約束する = 何かを必ずすると他人に言う

❹ university 〔n〕= ⓑ an institution where people study for a degree after
finishing high school
大学 = 高校を修了した後に、学位を取るために学ぶ機関

II

❶ I'm going to (go) (out) tonight.

❷ My father is (looking) (for) his glasses.

❸ Can I have (another) cup of tea?

> another＋単数名詞は「（数は分からないが）他にいくつかある～の別の1つ」という意味。一方、the other＋単数名詞は、「2つある～のうちのもう1つ」を指すので、どれのことを指しているか特定できる。使い分けに注意。

❹ I (gave) (up) studying because the homework was very difficult.

❺ I'll call you later, (anyway).

全文訳

私たちは雨の中を外に出て、彼の名前を呼びました。彼は戻ってきませんでした。それから私たちは彼を探して車で走り回りました。何も見つかりませんでした。その日の夜も、翌日の夜も、そのまた次の夜も、彼は家に戻ってきませんでした。2週間たった後、私たちは諦めました。クリッパーは見つかることはありませんでした。私の両親は、私に別の犬を買ってくれると約束しましたが、私は断りました。私は他の犬は欲しくありませんでした。私はクリッパーが欲しかったのです。2年後、私は別の街にある大学に行くために引っ越しました。私はどちらにしても、クリッパーを一緒に連れていくことはできなかったのでした。

❶［○］

（訳）　筆者とその家族は車に乗ってクリッパーを探しに出かけた。
（解説）2行目に、「クリッパーを探して車であちこち運転して回った」とある。

❷［×］

（訳）　3週間たった後、彼らは探すのをやめた。
（解説）3 〜 4行目にある通り、諦めたのは2週間後。

❸［×］

（訳）　筆者の両親は新しい犬を買った。
（解説）5 〜 6行目に、「両親が私に別の犬を買ってくれると約束してくれたが、私は断った」とある。

❹［○］

（訳）　筆者は、別の街にある大学へ行った。
（解説）8 〜 9行目の記述と一致。

❺［○］

（訳）　筆者はクリッパーがいなくてとても寂しいと思った。
（解説）6 〜 7行目で「私は他の犬は欲しくなかった」と書かれており、クリッパーが代替がきかない大切な存在だったと分かる。さらに9 〜 10行目では、「クリッパーを連れていくことはできなかった」という心情が吐露されている。

Unit 5

Round ④ Review Exercises

Ⅱ

❶ in the rain and called his name
❷ drove around in the car, looking for him
❸ After two weeks had passed
❹ they would buy me another dog
❺ moved away to university in another city
❻ couldn't have taken

Ⅲ

❶ We went out ~~of~~ [in] the rain and called his name. ❷ <u>He didn't come</u> <u>back.</u> ❸ Then we drove around [in] the car, looking for him.

❹ <u>Nothing.</u> ❺ <u>He didn't come home that night, nor the next, nor</u> <u>the next.</u> ❻ After two weeks had passed, ~~and~~ we gave up. ❼ Clipper couldn't ~~find~~ [be found]. ❽ My parents promised they ~~will~~ [would] buy me another dog, but I said no. ❾ I didn't want ~~the other~~ [another] dog. ❿ <u>I</u> <u>wanted Clipper.</u> ⓫ Two years later, I moved away ~~from~~ [to] university in another city. ⓬ I couldn't have taken Clipper with me, ~~anymore~~ [anyway].

❶ went out of the rain では、「雨の中から出た」となるので、「家を出て探しに出かけた」という文脈と合わない。

❸ drove around the car では、「車の周りをドライブした」となり、意味が通らない。

❻ after も and も接続詞なので併用できない。

❼ ここでの文意は、「(私たちが) クリッパーを見つけられなかった」という意味なので、主語が Clipper であれば受動態にする必要がある。

❽ 主節の動詞 (promise) が過去形なので、従属節の動詞 (will) も過去形になる (時制の一致)。

❾ ここでは筆者が欲しくなかったのは、「不特定の別の 1 匹の犬」なので、another dog が適当。the other dog であれば、「2 匹いるうちのもう 1 匹の犬」となる。

⓫ move away <u>from</u> university だと、「大学から引っ越す」となるが、この場合は「大学の方へ引っ越した」ので前置詞は to が適当。

⓬ not 〜 anymore は、「もはや〜でない」という意味。

Ⅳ

❶ Tom <u>went out for (to eat)</u> dinner with his parents.

❷ <u>My brother is looking for</u> a part-time job.

❸ I need <u>another sheet (piece) of paper</u>.

❹ <u>If you give up</u> on your dream, you will regret it.

❺ I <u>will attend</u> Kate's wedding party, <u>anyway</u>.

Round **5** Speaking & Writing

II (解答例)

❶ クリッパーがいなくなったとき、筆者とその家族はどうしましたか。
They drove around in the car, looking for him.

❷ 2週間が過ぎたとき、彼らはどうしましたか。
They gave up looking for Clipper.

❸ 筆者の両親は、何をすると約束しましたか。
They promised they would buy him another dog.

❹ 2年後、筆者に何が起こりましたか。
He moved away to university in another city.

III (解答例)

We looked for Clipper on foot and by car, but he couldn't be found.
After two weeks had passed, we gave up looking for him. My
parents promised they would buy me another dog, but I didn't
want one [another dog]. Two years later, I moved away to
university in another city. I couldn't have taken Clipper with me,
anyway.

今井先生の
英語のお悩み相談室 ❹

「どこから手をつけてよいか分かりません」

生徒：高2です。中学のときはまあまあできたのですが、高校に入ってから勉強をさぼっていたら、英語が全く分からなくなってしまいました。今から取り返すにはどうしたらいいですか。

今井先生：高校でつまずいている人の多くは、文法力と単語力がなく、長い英文の内容が理解できません。高校では授業の進度が速いので、1年間のブランクは結構大きな溝になります。では、もう手遅れでしょうか。そんなことはありません。**本気でやれば、半年で見違えるほどできるようになります。最大の武器は音読です。**学習する英文を選んだら、徹底的に理解してください。辞書や文法参考書

を使うことは大切ですが、和訳や解説があればそれも効率的に使い、理解に時間をかけすぎないようにしましょう。理解した後、英文を徹底的に音読します。他の教材に目移りせず、1つの教材を自分で「スラスラ理解できる」と思えるまで音読することがポイントです。教材は、まず本書、そして学校で使っている教科書を使ってください。やや易しい教材からスタートすると、挫折せずに続けられます。音読を中心とした学習が軌道に乗って余裕が出てきたら、単語集を併用して単語力をつけるとより効果的です。後れを取ったからといって諦めず、根気よく続けてください。必ず実力はアップします。

Unit 6

Round ① Vocabulary & Useful Expressions

I

❶ grass〔n〕= ⓒ a green soft plant which is often laid in private gardens, parks or fields
芝生 = しばしば個人の庭や公園や競技場の地面に敷かれている、緑色の柔らかい植物

❷ fat〔adj〕= ⓔ having too much weight
太った = 体重が重すぎる

❸ notice〔v〕= ⓐ to become aware of something
～に気がつく = 何かに気づく

❹ explain〔v〕= ⓓ to tell somebody about something in detail
～を説明する = 人に対して物事について詳しく話す

❺ hide〔v〕= ⓕ to go where you cannot be found
隠れる = 見つからないところに行く

❻ owner〔n〕= ⓑ the person who possesses something
持ち主、飼い主 = 何かを持っている人

II

❶ Yoko (looks) a lot (like) her mother.

❷ Takashi is (a) (little) (taller) than his twin brother, Takeshi.

❸ That is the (very) same thing that I was looking for.

❹ At the school festival, I (saw) our teacher (playing) the guitar.

> 「知覚動詞＋O＋現在分詞」で「Oが～しているところを見る［聞く、感じるなど］」となる。Oの動作の一部を見る、という意味。「知覚動詞＋O＋原形不定詞」とのニュアンスの違いに注意。(→ p. 50参照)

全文訳

ある年の夏、私はあの時の公園を再び訪れました。芝生の上で、家族連れがクリッパーにとてもよく似た犬とフリスビーをしていました。その犬は少し年を取っていて、少し太っていましたが、しかしそのとき私は犬の耳に気づきました。そこには全く同じ傷跡があったのです！私が駆け寄ると、驚いた家族は、3年前にクリッパーが雨の中で彼らの家のデッキの下に隠れているのを見つけたのだと説明してくれました。彼らは飼い主を見つけられなかったので、その犬を飼っていたのです。私は彼らの幼い娘がクリッパーと楽しそうに遊んでいるのを見て、彼が新しいすてきな家族を見つけたのだと知りました。

---

❶ [×]

（訳）　筆者は冬に公園に戻った。

（解説）1行目に、「ある年の夏に」とある。

❷ [×]

（訳）　ある家族が長い耳を持つ犬と遊んでいた。

（解説）4行目にあるように、その家族が遊んでいたのは耳に傷跡がある犬。

❸ [○]

（訳）　3年前にその家族はクリッパーを見つけた。

（解説）5行目の記述と一致。

❹ [×]

（訳）　その家族には息子がいた。

（解説）8～9行目から娘がいると分かるが、息子についての記載はない。

❺ [×]

（訳）　その家族はクリッパーを筆者に返した。

（解説）9～10行目に、「クリッパーは新しいすてきな家族を見つけた」とあるので、その後もクリッパーは新しい家族と暮らしたと推測される。

Round **4** Review Exercises

II

❶ went back to visit the old park

❷ with a dog that looked a lot like

❸ a little older and a little fatter

❹ the very same scar

❺ they had found him three years ago, hiding under their deck

❻ watched their young daughter playing happily

❼ he had found a good new home

III

❶ One summer, I went back to visit ~~an~~ *the* old park. ❷ On the grass, a family was playing Frisbee with a dog *that* looked a *lot* like Clipper. ❸ He was a little ~~old~~ *older* and a little fatter, but then I noticed the ear. ❹ <u>It had the very same scar !</u> ❺ I ran over, and the ~~surprise~~ *surprised* family explained that they had found him three years ago, hiding under their deck in the rain. ❻ They couldn't find his owner, so they kept ~~them~~ *him*. ❼ I watched their young daughter ~~to play~~ *playing* happily with Clipper, and I knew that he had found a good new home.

❶ 話題に上っているのは、以前クリッパーと遊んだ特定の公園なので、定冠詞 the が適当。

❷ looked a lot 以下は a dog を補足する内容のため、a dog の後に関係代名詞 that が必要。この that は省略できない。

❸ この文脈では、「（目の前の犬が）自分が知っているクリッパーと比べて年を取っていた」という意味なので、fatter と同様に比較級が適当。

❺ surprise は、冠詞 the と名詞 family の間にあり、名詞の修飾語となるべき位置である。ここに当てはまる「驚いた」という意味の形容詞は surprised である。

❻ 家族が飼ったのはクリッパー 1 匹なので、kept の目的語となる代名詞は him。

❼ 「知覚動詞＋ O ＋分詞」の用法。ここでのように、to 不定詞は当てはまらず、「watch ＋ O ＋ to 不定詞」とはならない。「知覚動詞＋ O ＋原形不定詞」ならあり得る（ただしニュアンスは異なり、動作を最初から最後まで見た、という意味になる）。

Ⅳ

❶ Joe believes that Takako <u>looks a lot like</u> that famous actress.

❷ Today is <u>a little cooler than</u> yesterday.

❸ I wanted to buy <u>the very same shoes that</u> you are wearing now.

❹ I <u>heard Emi laughing</u> happily.

（笑っているところを最初から最後まで聞いた場合は、I heard Emi laugh happily も可）

Round ⑤ Speaking & Writing

Ⅱ （解答例）

❶ 昔なじみの公園で、筆者は何を見ましたか。

He saw a family playing Frisbee with a dog that looked a lot like Clipper.

❷ 筆者はどのようにして、その犬がクリッパーだと知りましたか。

He noticed the dog's ear had the very same scar (as Clipper's had had) /

He noticed that there was the very same scar on the dog's ear (as Clipper's had had)

❸ いつどのようにして、その家族はクリッパーを見つけたのですか。

They found him three years ago, hiding under their deck in the rain.

Ⅲ （解答例）

One summer, I <u>went back to visit the old park</u>. In the park, I saw <u>a family playing Frisbee with a dog that looked a *lot* like Clipper</u>. I found that the dog was Clipper because <u>it [he] had the very same scar on one ear</u>. The family explained <u>that they had found him</u> three years ago. They couldn't <u>find his owner, so they kept him</u>. The writer was happy because <u>Clipper had found a good new home</u>.

When I was 9, my family had a cat named Tama. Tama was a white Japanese cat with a scar on one leg. Tama's problem was that he was terrified of mice. One day, Tama was surprised by a large mouse in our house. He dashed out of the house and disappeared. We went out and called his name, but Tama could not be found.

Three months later, I found a cat that looked a lot like Tama. The cat had the very same scar on one leg! I took Tama to my house. When I watched my younger sister playing happily with Tama, I was very glad to be with Tama again.

Unit 7

Round ① Vocabulary & Useful Expressions

I

❶ draw 〔v〕 = ⓓ to make lines or pictures on paper
　〜を描く = 線や絵を紙に描く

❷ traditional 〔adj〕 = ⓐ having a long history
　伝統的な = 長い歴史を持つ

❸ admire 〔v〕 = ⓒ to have respect towards someone or something
　〜を立派だと思う = 人または物に尊敬の念を持つ

❹ tea ceremony 〔n〕 = ⓔ the formal Japanese way to make tea
　茶道 = 茶を立てる日本の正式な作法

❺ be crazy about = ⓑ to like something very much
　〜に夢中である = 物事をとても好きである

II

❶ What (in) (the) (world) happened to you yesterday?

> in the world は疑問詞を強調して、話し手の「いったい…」という気持ちを表す。疑問詞の直後につけて強調を表す表現は、他にも on earth、ever などがある。

❷ Tom (was) (drawn) (to) Rebecca when they first met.

❸ (In) (his) (30s), my uncle worked for a trading company.

❹ I (am) (crazy) (about) ice cream.

❺ I (can't) (wait) (to) open the present.

全文訳

　私は1年か2年の間英語を教えるために、日本に移り住みました。17年後、私はまだそこにいたのです！いったいぜんたいどうして、そんなに長く滞在したのでしょうか。

　最近は、さまざまな人々が日本に引きつけられています。親しい友達で70代のアメリカ人女性は、茶道の指導者になりました。彼女は日本の伝統文化をことのほか素晴らしいと思っています。もっと若い人たちの多くはマンガやアニメに夢中

です。私は、自分で日本式のマンガを描いたり、日本のポップミュージックを聞いたり、日本語を学んだりしているアメリカのティーンエージャーのグループを知っています。彼らはいつか日本を訪れるのが待ち遠しくて仕方がありません。しかし私の日本は彼らのものとは違います。私は、茶道を習ったり、マンガ家になったりするために、それだけの年月をずっとそこに住んでいたわけではないのです！

---

❶[×]

（訳）　筆者は、日本に15年滞在した。

（解説）2行目に、「17年後、私はまだそこ（日本）にいた」とあるので、滞在期間は少なくとも17年。

❷[×]

（訳）　筆者の日本人の友人は、茶道の指導者になった。

（解説）4〜6行目から、茶道の指導者になったのは「70代のアメリカ人の親しい友人」と分かる。

❸[○]

（訳）　日本のマンガやアニメはアメリカの若者の間で人気がある。

（解説）7〜8行目の記述と一致。

❹[×]

（訳）　筆者が言及しているアメリカ人のティーンエージャーたちのグループは、日本を訪問したいと思っていない。

（解説）11〜12行目に「彼らはいつか日本を訪れるのが待ち遠しくて仕方がない」とある。

❺[○]

（訳）　筆者は、多くのアメリカ人が日本文化を好きだと言っている。

（解説）全体を通して、茶道の指導者になった友人やマンガやアニメに熱中する若者などさまざまな人を例に出し、いかにアメリカ人が日本を好きかということについて述べている。また、4行目にも、「さまざまな人々が日本に引かれている」という記述がある。

Round **4** Review Exercises

Ⅱ

❶ teach English for one or two years

❷ Seventeen years later

❸ Why in the world

❹ all kinds of people are drawn to Japan

❺ an American woman in her 70s

❻ admires traditional Japanese culture

❼ younger people are crazy about

❽ a group of American teenagers

❾ can't wait to visit Japan someday

❿ is different from theirs

⓫ live there all those years

Ⅲ

❶ I moved to Japan ~~teaching~~ *to teach* English for one or two years.

❷ <u>Seventeen years later, I was still there !</u> ❸ Why in the ~~word~~ *world* did I stay so long ?

❹ These days, ~~every~~ *all* kinds of people are drawn to Japan. ❺ A close friend, an American woman in ~~the~~ *her* 70s, became a master of the tea ceremony. ❻ She especially admires traditional~~ly~~ Japanese culture. ❼ A lot of younger people ~~is~~ *are* crazy about manga and anime. ❽ I know a group of American teenagers who draw their own Japanese-style comics, listen^{to} J-pop and study Japanese. ❾

They can't wait to <del>visiting</del> ^{visit} Japan someday. ❿ But my Japan is

different from <del>them</del>. ^{theirs} ⓫ I didn't live <del>in</del> there all those years to

learn the tea ceremony or become a manga artist !

❶ I moved to Japan で文が完結しているため、その後はこの文を補足する情報が続くと考えられる。teaching English という分詞構文が来る場合は、teaching の前にカンマが必要。また、teaching を動名詞と考えた場合には、前置詞が必要になるが、いずれも意味の上でも文脈と合わない。to 不定詞に変えて to teach とすれば、「英語を教えるために」という意味になり、文脈上も合う。

❸ in the word は誤りで、正しくは in the world。

❹ every は単数名詞を修飾する形容詞。

❺ in the 70s は、「70 年代に (1970 年代など)」となり、意味が合わない。

❻ traditionally は副詞なのでその後の名詞 (Japanese culture) を修飾できない。

❼ people は「人々」という意味で複数扱いされる集合名詞なので、続く動詞は are となる。

❽ listen は自動詞のため、後に続く名詞の前に前置詞 to が必要。他動詞と間違いやすいので注意しよう。

❾ 「can't wait + to 不定詞」の構造。

❿ もともとの文構造は、But my Japan is different from their Japan. だが、繰り返しを避けるために their Japan を所有代名詞 theirs (彼らのもの=彼らの日本) に置き換えている。them は「彼ら」という人を表す人称代名詞なので、この場合には使えない。

⓫ there は単体で場所を表す副詞なので、in は不要。

Ⅳ

❶ <u>Where in the world</u> have you been?

❷ <u>I was drawn to</u> Picasso's paintings at the museum.

❸ <u>In his 40s</u>, my teacher lived in Hakodate.

❹ My mother <u>is crazy about that Korean actor.</u>

❺ <u>I can't wait to travel</u> in France.

Round ⑤ Speaking & Writing

Ⅱ （解答例）

❶ なぜ筆者は日本に移り住んだのですか。
She moved to Japan to teach English（for one or two years）.

❷ 筆者の 70 代のアメリカ人の友人に、何が起こりましたか。
She became a master of the tea ceremony.

❸ 筆者が知っているアメリカのティーンエージャーのグループは、どのようにして日本への関心を示していますか。
They draw their own Japanese-style comics, listen to J-pop and study Japanese.

Ⅲ （解答例）

The writer moved to Japan <u>to teach English for one or two years, but she stayed there for 17 years</u>. Why did she stay there so long? These days, all kinds of people are drawn to Japan. For example, some older people <u>admire traditional Japanese culture</u>. A lot of younger people <u>are crazy about manga and anime</u>. The writer, however, lived <u>in Japan for different reasons</u>.

今井先生の
英語のお悩み相談室 ❺

「部活が忙しくて、勉強する時間がありません」

生徒：サッカー部に入っていて、毎日夜遅くまで練習があります。家に帰ってくると疲れてしまって英語を勉強する気が起きません。どうしたらいいでしょうか？

今井先生：僕は長い間、硬式野球部とバスケットボール部の監督をしてきました。やるからには本当にいい結果を生徒に残したかったので、ずいぶん練習をしました。一方で、大学進学する生徒が多かったので、勉強も大切でした。家に帰ってから勉強するのはやはりきついものです。そこで、**部活動をしている生徒には、「授業時間中、人の３倍勉強しなさい」と言いました。**ぼんやり授業を受けているいる人が実はかなり多いのです。授業前の休み時間に前回の復習をし、授業後の休み時間には習った事項を自分で繰り返す。授業中でも、例えば課されたタスクが早く終わった場合は、もう一度前のページを見直したり、次の授業で進むであろう先のページをチラッと見たりする。分からない部分はそのままにせず、授業後や放課後に先生に質問をする。それだけでも効果はあるのです。「授業中、人の３倍勉強する方法」で教え子の何人かはオール５かそれに近い成績を獲得し、自分が志望する大学に見事合格していきました。この方法は結構お勧めです。

Unit 8

Round 1　Vocabulary & Useful Expressions

I

❶ traffic jam = ⓓ when the road is full of cars and you cannot drive smoothly

交通渋滞 = 道路が車でいっぱいでスムーズに走れないとき

❷ local 〔adj〕 = ⓐ based in the area where you live

地元の = 住んでいる場所に根差している

❸ revolve 〔v〕 = ⓑ to go around in a circle

回転する = ぐるぐる回る

❹ trendy 〔adj〕 = ⓒ very fashionable

最新流行の = とてもおしゃれな

❺ latest 〔adj〕 = ⓔ the newest

最新の = 最も新しい

II

❶ I'm (looking) (forward) (to) going to Okinawa on a school trip.

「look forward to＋動名詞」で、「～することを楽しみにしている」の意味。to の後に続くのが動名詞になる点に注意（look forward＋to 不定詞は誤り）。

❷ Akira (got) (addicted) (to) soccer.

「～に夢中になる」という状態の変化は get addicted to ～で表すが、「～に夢中である」という状態は be addicted to ～で表す。

❸ When you do a homestay, you should (try) (out) your English.

❹ (In) (other) (words), people can always learn by making mistakes.

❺ I (enjoyed) (riding) the roller coaster at the amusement park.

全文訳

では、何が私を日本に居続けさせたのでしょうか。そうですねぇ、私は東京で電車に飛び乗り、交通渋滞なしに街を飛び回るのが大好きでした。私は夏の暑い日に冷たい麺を食べたり、地元の回転寿司屋でお皿を積み重ねたりするのを楽しみにしていました。私はテレビのトレンディードラマに夢中になり、最新のエピソードについて友人たちと話したり、新しく覚えた単語や表現を彼らを相手に試したりするのが待ちきれませんでした。「関係ない！ほっといて！」といった言葉です。つまり、私は人々が日本で日常的に行っていることをとにかく楽しんでいたのです。

---

❶ [○]

（訳）　筆者は東京を電車で回るのが好きだった。

（解説）1 〜 2行目の記述と一致。

❷ [×]

（訳）　筆者は夏に熱い麺を食べるのが好きだった。

（解説）2 〜 3行目にある「暑い夏の日に冷たい麺を食べるのを楽しみにしていた」という記述と合わない。

❸ [×]

（訳）　筆者によれば、日本のテレビドラマは人々が夢中になってしまうので良くない。

（解説）4 〜 5行目に、「私はテレビのトレンディードラマに夢中になった」とあるが、それに対する否定的な意見は書かれていない。

❹ [○]

（訳）　筆者は、日本のテレビドラマから学んだ新しい単語や表現を使うのが好きだった。

（解説）6 〜 7行目の記述と一致。

❺ [○]

（訳）　筆者は日本人がしているように暮らすのが好きだった。

（解説）8 〜 9行目の記述と一致。

Round ④ Review Exercises

Ⅱ

❶ what kept me in Japan

❷ loved jumping on trains in Tokyo

❸ looked forward to eating cold noodles

❹ got addicted to trendy TV dramas

❺ couldn't wait to talk

❻ try out new words and phrases

❼ just enjoyed doing the everyday things

Ⅲ

❶ So what kept ~~in~~ me in Japan? ❷ Well, I loved jumping on trains in Tokyo and zipping around town with no traffic jams. ❸ I looked forward to ~~eat~~ eating cold noodles on hot summer days and stacking plates at the local revolving sushi shop. ❹ I got addicted to trendy TV dramas and ~~can't~~ couldn't wait to talk about the latest episode with friends or try out new words and phrases on them: *kankei nai! hottoite!* ❺ In other words, I just enjoyed ~~to do~~ doing the everyday things people do in Japan.

❶ keep には自動詞としての用法もあるが、「ずっと〜のままである」または、「（食べ物などが）腐らないでもつ」といった意味なので、文脈と合わない。keep の目的語に「私」を置き、「何が私を日本に引き留めたのか（＝居続けさせたのか）」とするのが自然。

❸ look forward to の後に来るのは動名詞。

❹ 過去の出来事について述べているので、助動詞 can の時制は過去形が適切。

❺ enjoy が目的語に取るのは to 不定詞ではなく動名詞。

Ⅳ

❶ I'm <u>looking forward to going</u> to the museum on the weekend.

❷ After my mother traveled in Italy, <u>she got addicted to</u> pasta.

❸ <u>My brother often tries out</u> new hair styles.

❹ <u>In other words</u>, there are many things we can do to protect the environment.

❺ I <u>enjoyed singing with my friends</u> at the party.

Round ⑤ Speaking & Writing

Ⅱ （解答例）

❶ 夏の暑い日に、筆者は何をするのを楽しみにしていましたか。
She looked forward to eating cold noodles.

❷ テレビのトレンディードラマを見た後、筆者は何をしましたか。
She talked about the latest episode with friends or tried out new words and phrases on them.

Ⅲ （解答例）

The writer shows some examples of what she enjoyed in Japan. First, she loved jumping on trains in Tokyo and zipping around town with no traffic jams. Second, she looked forward to eating cold noodles on hot summer days and stacking plates at the local revolving sushi shop. Third, she got addicted to trendy TV dramas and couldn't wait to talk about the latest episode with friends or try out new words and phrases on them. These are the things people do in their everyday lives in Japan.

今井先生の
英語のお悩み相談室❻

「留学すれば、英語ができるようになりますか」

生徒：私は高校の夏休みに語学留学に行こう
と思っています。留学すれば、毎日英語に触
れるので、自然と英語ができるようになりま
すよね。

今井先生：留学することは、英語習得の近道
であることは間違いありません。しかし、注
意点もあります。日本人が多い学校や地域に
行った場合、間違っても日本人だけで集まっ
て生活しないようにしてください。また、1
人で旅行してばかりで英語を使う機会が少な
ければ、やはり結果は同じです。英語を使う
環境に行けば、ある程度は英語を話せるよう
になりますが、慣れるだけでは質の高い英語
を話せるようにはなりません。やはり、勉強

が重要です。

外国に行くと音の速さについていけないの
が実情ですから、速さに慣れるために、例え
ば、その国のテレビを見ながら、シャドーイ
ングをしてみましょう。また、人々がどんな
英語を使っているのか町の中を歩いて回るだ
けでも非常に勉強になります。人々が使って
いる表現を覚えたら、自分で英文を作ってみ
ましょう。そしてせっかく外国にいるのです
から、その英文をネイティブ・スピーカーに
直してもらいましょう。正しい英文を覚える。
そして、覚えた英文をまた使う。このサイク
ルを繰り返してみてはいかがでしょうか。き
っと力がつきますよ。

Unit 9

Round ① Vocabulary & Useful Expressions

Ⅰ

❶ discover〔v〕= ⓑ to find out new things
　　〜を発見する ＝ 新しいことを知る

❷ foreign country = ⓒ a country different from the one you are born in or
　　　　　　　　　　　　　 are a citizen of
　　外国 ＝ あなたが生まれた国または国民である国とは違う国

❸ attend〔v〕= ⓐ to be at a certain event
　　〜に出席する ＝ ある行事に居合わせる

❹ funeral〔n〕= ⓔ a ceremony where people gather to say farewell to a
　　　　　　　　　　 dead person
　　葬式 ＝ 人々が亡くなった人にお別れを言うために集まる儀式

❺ share〔v〕= ⓓ to have something together with others
　　〜を分かち合う ＝ 他人と何かを共有する

Ⅱ

❶ I'll give you (something) (special).

> ここでの"something special"のように、-thing, -body, -one などで終わる不定代名詞を修飾する形容詞は、不定代名詞の後につくので注意。

❷ I (saw) a black cat (cross) the road.

> Unit 6で学習した「知覚動詞＋O＋現在分詞」（→ p.32参照）と異なり、「知覚動詞＋O＋原形不定詞」は、「Oが〜するところを（最初から最後まで）見る［聞く、感じるなど］」という意味になる。

❸ Chocolate has complicated tastes. It can be sweet, bitter or milky.
　(That's) (why) I like it.

❹ I (am) (proud) (of) my sister for winning the race.

全文訳

多くの点で、私は両者の最も良いところを取り入れました。日本は私の母国ではなかったので、豚骨ラーメンについて知ったり、力士が通りを歩いているのを見たりと、そこには常に何か新鮮で新しいことがありました。同時に、日本は外国のような気がしませんでした。何年かたち、たくさんの日本語を習得してからは、私はとても居心地良く感じていました。私は友人の結婚式や葬式に出席し、一生懸命働き、そしてカラオケボックスで井上陽水を歌うことを覚えました。日本の生活は素晴らしかったので、だから私はそれほど長く滞在したのです。

日本は、あなたにとってどんな意味を持ちますか。それが何であれ、あなたが誇れる日本を見つけて、そしてそれを世界と分かち合ってください。

---

❶［×］
（訳）　筆者は日本の方が自分の母国より好きだ。
（解説）「日本の生活が良かった」とは言っているが、「母国より好きだ」という記述はない。

❷［○］
（訳）　筆者はたくさんの日本語の単語や表現を学んだ。
（解説）5 〜 6 行目の記述と一致。

❸［×］
（訳）　筆者は日本にいるときはくつろぐことができなかった。
（解説）6 行目に「とても居心地良く感じていた」という記述がある。

❹［○］
（訳）　筆者はカラオケボックスで日本の歌を歌うことを覚えた。
（解説）7 〜 8 行目の記述と一致。

❺［○］
（訳）　筆者は、あなたに対して、日本の何が好きか尋ねている。
（解説）10 〜 11 行目に、読者に対する問いかけがある。

Round ④ Review Exercises

II

❶ had the best of both worlds

❷ was always something fresh and new

❸ or seeing a sumo wrestler walk down the street

❹ didn't feel like a foreign country

❺ felt very much at home

❻ attended the weddings and funerals of friends

❼ that's why I stayed so long

❽ find the Japan you're proud of

❾ share it with the world

III

❶ In many ways, I had the best of both ~~world~~ worlds. ❷ Japan was not my home country, so there was always fresh and new something, like discovering tonkotsu ramen or seeing a sumo wrestler walk down the street! ❸ ~~In~~ At the same time, Japan didn't feel like a foreign country. ❹ <u>After a few years and a lot of Japanese under my belt, I felt very much at home.</u> ❺ I attended ~~to~~ the weddings and funerals of friends, worked hard, and learned to sing Inoue Yosui at the karaoke box.

❻ Life in Japan was good, and that's why ~~did I stay~~ stayed so long.

❼ <u>What does Japan mean to you?</u> ❽ <u>Whatever it is, find the Japan</u>

you're <s>pride</s> ^{proud} of and share it with the world!

❶ both の後は必ず複数名詞。
❷ something などの不定代名詞を修飾する形容詞はその後につく。
❸ at the same time（同時に）はひとまとまりで覚える。
❺ attend は「〜に出席する」という意味の場合には通常は他動詞として使われるので、前置詞は不要。
❻ why は関係副詞で That is the reason. という文と I stayed so long for the reason. という 2 つの平叙文を結んでおり、語順は That's why ＋ SV となる。
❽ pride は「自尊心」という意味の名詞または「〜を誇る」という意味の動詞なのでそれぞれ意味的・文法的に当てはまらない。

Ⅳ

❶ I want <u>to eat something sweet</u> because I'm very tired.

❷ At the supermarket, I <u>saw Taro assist an old woman</u>.

❸ My uncle was a police officer, and he looked very nice in his uniform.

<u>That's why I wanted to be</u> a police officer.

❹ George <u>is very proud of his son</u>, Mike.

Round ⑤ Speaking & Writing

Ⅱ （解答例）

❶ 数年の後、筆者は日本でどのように感じましたか。
She felt very much at home (in Japan).

❷ 筆者があなたにしてほしいことは何ですか。
She wants you to find the Japan you're proud of and share it with the world.

Ⅲ （解答例）

The writer's status helped her to enjoy living in Japan. On one hand, Japan was not <u>her home country, so there was always something fresh and new</u>. On the other hand, Japan didn't feel <u>like a foreign country for her, and she felt very much at home</u>. In the end, she found life in Japan was good, and stayed there for a very long time.

Part 3 Final Exercise （解答例）

❶ 高校初級～中級レベル

I belong to the brass band club and I enjoy it very much. Every day, I can't wait to go to the club and practice my flute. When I can play well, I feel very happy, so I practice more. When I cannot play well, I feel sad, so I practice harder. Maybe, I am addicted to playing flute. We are going to have a concert in the fall. I am looking forward to it.

❷ 高校中級～上級レベル

I studied The Tale of Genji in my Japanese class, and I was drawn to it. Now I enjoy reading the tale and knowing about people's lives in the Heian era. A lot of characters appear in the story, and they are very attractive. They laugh, cry, love or hate just as we do. I admire Murasaki Shikibu, the author. How unbelievable is it that she wrote such an interesting tale more than 1,000 years ago! The tale is translated into many different languages, and foreign people love reading it. I look forward to reading the English version of the tale someday.

❸ ネイティブ・スピーカー・レベル

I enjoy climbing mountains. I look forward to it every summer, when most of the ice has melted and only the highest peaks have snow. I've always been drawn to high places. When I was young I'd climb trees. I love looking out over the landscape. High on a mountain, you can see the tops of the clouds, and being above a summer thunderstorm is a wonderful feeling. I really admire people who are brave enough to climb the Himalayas, but my plan is to visit the Alps. I can't wait to climb there next year.

Unit 10

Round 1 Vocabulary & Useful Expressions

I

❶ degree〔n〕= **e** proof that a student has graduated university
successfully
学位 = 学生が大学をきちんと卒業したことの証明

❷ prestigious〔adj〕= **f** very famous, high-ranked
名声のある = とても有名な、格付けの高い

❸ philosophy〔n〕= **b** an academic field which studies how humans see
and understand the world
哲学 = 人間がどのように世界を見たり理解したりするのかを学ぶ学問分野

❹ environment〔n〕= **c** the overall condition of a certain place
環境 = ある場所の全体的な状況

❺ athlete〔n〕= **a** a person who competes in sports
スポーツ選手 = スポーツで競う人

❻ diplomat〔n〕= **d** a person who represents his/her country in a foreign
country
外交官 = 外国において自国を代表する人

II

❶ I (was) (about) (to) go out when Jill came to my house.

「be about＋to不定詞」は、「まさに～しようとしている」という意味。"The movie is about to start."（映画が今始まるところだ）など、主語が人以外の場合にも使える。

❸ He (was) (torn) between love and friendship.

❹ My English is not (good) (enough) to teach you.

enoughは形容詞や副詞を後ろから修飾する。「形容詞［副詞］＋enough＋to不定詞」の語順で、「～するのに十分なほど…」という意味になる。

❺ Louise (makes) (her) (living) by working at a college cafeteria.

全文訳

22歳のとき、マーラは、オックスフォードの大学生で、将来について深く考え始めました。彼女は世界で最も名声の高い大学のうちの1つから、学位を得ようとしていました。彼女は政治学と哲学と経済学を学びましたが、それにより、彼女の将来は数多くの異なる職業に展望が開けました。ケニアの国際的な環境で子ども時代を過ごしたことも影響して、彼女はまた国際政治にも興味を持っていました。しかし、他方でマーラは速いランナーであり、トップのスポーツ選手になるという夢を持っていました。彼女は大学で真剣にトレーニングをしました。彼女は「現実の生活」と夢との間で板挟みになっていました。ついに、マーラはランニングで生計を立てるほどには自分が優れていないと感じたため、外交官として働くことを選びました。

---

❶ [○]

（訳）　マーラは20代の初めに、将来について深く考え始めた。

（解説）1～2行目の記述と一致。

❷ [×]

（訳）　マーラは政治学と物理学と経済学を学んだ。

（解説）3～4行目に、「政治学と哲学と経済学を学んだ」とある。

❸ [×]

（訳）　マーラは仕事を探すのに苦労した。

（解説）直接の記述はないが、4～5行目に「（彼女の学んだ分野のおかげで）数多くの異なる職業に展望が開けた」とあるので、仕事を探すこと自体にはあまり苦労はなかったと想像できる。

❹ [○]

（訳）　マーラは子ども時代をアフリカで過ごした。

（解説）6～7行目の記述と一致。

❺ [×]

（訳）　マーラは真剣にトレーニングをしたが、速いランナーではなかった。

（解説）8行目に「マーラは速いランナーだった」とある。

Round **4** Review Exercises

II

❶ started thinking deeply about her future

❷ get a degree from one of the most prestigious universities

❸ which opened her future to many different jobs

❹ also interested in international politics

❺ had spent her childhood in an international environment

❻ a fast runner and had a dream to be a top athlete

❼ torn between "real life" and a dream

❽ was not good enough at running to make her living

III

❶ At ~~an~~ the age of 22, Mara, a university student in Oxford, started

thinking deeply about her future. ❷ She was about to get a degree

from one of the most prestigious ~~university~~ universities in the world. ❸ She

studied politics, philosophy and economics, which opened her

future ~~for~~ to many different jobs. ❹ She was also interested in

international politics, because partly she had spent her childhood

in an international environment in Kenya. ❺ On the other hand,

however, Mara was a ~~faster~~ runner and had a dream to be a top

athlete. ❻ She had trained ~~serious~~ seriously at college. ❼ She was ~~teared~~ torn

between "real life" and a dream. ❽ Finally, Mara chose to work as a diplomat because she felt that she was not enough good at

running to make her living from it.

❶ at the age of ～で「～歳のとき」の意味。ひとまとまりで覚えよう。
❷ 「one of the ＋形容詞の最上級＋名詞の複数形」で、「最も～であるうちの1つ[1人]」という意味。
❸ 「～を…に開く」は、「open ～ to ...」で表す。
❹ partly は、because から始まる副詞節全体を修飾しているため、節の途中に入れることはできない。
❺ 比較級が使えるのは、2つ以上のものを比べるときである。faster runner とあるが、誰に比べて「より速い」のかが分からない。fast runner とするか、比べる対象を示せば文が成り立つ。
❻ 動詞 train を修飾できるのは副詞 seriously である。
❼ tear の過去分詞形は torn である。
❽ enough は形容詞や副詞を後ろから修飾する。

Ⅳ

❶ I <u>was about to call Kyoko</u> when she came into my office.

❷ Tom <u>was torn between his wife and</u> his mother.

❸ My piano skills <u>are not good enough to win</u> a competition.

❹ Tomoko <u>makes her living by teaching Japanese</u> at an American
university.

Round ⑤ Speaking & Writing

Ⅱ （解答例）

❶ なぜマーラは国際政治に興味を持っていたのですか。
Partly because she spent her childhood in an international environment in Kenya.
❷ なぜマーラは外交官として働くことに決めたのですか。
Because she felt that she was not good enough at running to make a (her) living from it.

Ⅲ （解答例）

When she was 22, Mara was a university student in Oxford. She started thinking deeply about her future. It was open to many jobs. However, she had a dream to become a top athlete. She was torn between real life and a dream. Finally, Mara decided to work as a diplomat because she felt that she was not good enough at running to make her living from it.

今井先生の
英語のお悩み相談室 ⑦

「リスニングの勉強は必要ですか」

生徒：私の受験する私立大学には、リスニングの入試がありません。受験に出る科目だけなるべく効率良く勉強したいので、リスニングは勉強しなくていいですか。

今井先生：英語学習はバランスが大事です。読んでばかり、書いてばかりでは偏った英語力になるだけでなく、英語力そのものの向上が遅れてしまいます。リスニングができる人は、そのテキストを読むことができます。ライティングができる人はスピーキングもできるはずです。なぜなら、脳の中で行っている活動は同じだからです。リスニングとリーディングは、情報を耳から入れるか、目から入れるかの違いしかありません。ライティング

とスピーキングは、頭で作った英語を、書いて表現するか、口頭で表現するかの違いだけです。ですから、**いろいろな活動を組み合わせれば、それぞれの技能がアップするだけでなく、相乗効果が得られます。**それに、少なくとも同じ実力がつくのであれば、さまざまな技能を使いながら、大学入学後も「使える」英語力を目指した方が効率的ですよね。聞いた内容を読んで確認する、読んだ内容を話す、話した後で書くというようにいろいろな取り組みをしながら学習しましょう。本書ではそのような学習が自然にできます。専門的な言葉では、これを「統合的学習」と言いますが、今非常に注目されている学習法です。

Unit **11**

PART 1

PART 2

PART 3

PART 4 / Unit 11

Round ① Vocabulary & Useful Expressions

Ⅰ

❶ assign 〔v〕= ⓑ to give someone some work or responsibility
〜を割り当てる ＝ 人に仕事や責任を与える

❷ embassy 〔n〕= ⓒ a building where an ambassador and diplomats work
大使館 ＝ 大使や外交官が働いている建物

❸ opportunity 〔n〕= ⓕ a chance to do something
機会 ＝ 何かをするための機会

❹ translator 〔n〕= ⓐ a person who helps people who speak different
languages communicate with each other
通訳者 ＝ 異なった言語を話す人々が意思疎通するのを助ける人

❺ enthusiasm 〔n〕= ⓔ a strong feeling of interest in something
情熱 ＝ 何かに対する強い興味の感情

❻ pursue 〔v〕= ⓓ to try to get something, such as a goal or outcome
〜を追求する ＝ 目標や結果など、何かを得ようとする

Ⅱ

❶ (The) (more) books you read, the more knowledge you get.

「the＋比較級 〜 , the＋比較級 …」で、「〜すればするほど、ますます…」という意味。The more booksのように比較級に名詞が続く場合、Ｓ＋Ｖが名詞の後にくることに注意しよう。

❷ After crossing the finish line, Maya (kept) (running).
❸ I (was) (appointed) (to) chair the meeting.
❹ The daylight is lasting (longer) (and) (longer) day by day.

「比較級 and 比較級」で、程度が次第に高くなることを表し、「ますます〜」という意味になる。moreを用いる比較級の場合は「more and more＋原級」となる。

062

全文訳

「現実の世界」で生きていくと決めた後も、マーラは、いつの日かトップのスポーツ選手になることを望みながら、トレーニングを続けました。しかし、より多くの仕事を任されるほど、トレーニングを続けることはますます難しくなりました。1998年、マーラは東京の英国大使館で働くことを命じられました。その仕事はとても面白いものでした。彼女は元英国首相、マーガレット・サッチャー氏の通訳を務める機会さえあったのです。

同時に、彼女の走ることへの情熱はますます高まっていきました。29歳のとき、彼女は今こそランナーをやっておくべきだと思いました。そうでなければ二度とトップのスポーツ選手になることはないだろうと思ったのです。日本での職務を終えた後、彼女はスポーツ選手としてのキャリアを追求するため、パートタイムの仕事に切り替えました。

---

❶ [×]

（訳）　マーラは働き始めてから、走るのをやめた。

（解説）1～2行目に、「『現実の世界』で生きると決めた後も、マーラはトレーニングを続けた」とある。

❷ [×]

（訳）　1998年に、マーラは英国で働くことを命じられた。

（解説）4～5行目に、「東京の英国大使館で働くことを命じられた」とある。

❸ [○]

（訳）　マーラは元英国首相のために通訳をした。

（解説）6～7行目の記述と一致。

❹ [○]

（訳）　30歳になる直前に、マーラはスポーツ選手としてのキャリアを追求することに決めた。

（解説）9～11行目にある「29歳のとき、ランナーになろうと決心した」という記述と一致。

❺ [×]

（訳）　マーラは日本での職務を終えた後、働くのをやめた。

（解説）12～13行目に、「パートタイムの仕事に切り替えた」とある。

Unit 11

Round ④ Review Exercises

II

❶ decided to live in the "real world"

❷ hoping to become a top athlete

❸ the more difficult it became for her to keep training

❹ was appointed to work in the British Embassy

❺ even had opportunities to work as a translator for

❻ enthusiasm for running was becoming bigger and bigger

❼ or she would never be a top athlete

❽ switched to part-time work to pursue her career

III

❶ After she decided ~~living~~ to live in the "real world," Mara continued training, hoping to become a top athlete someday. ❷ However, the more work she was assigned, the more difficult it became for her to keep ~~train~~ training. ❸ In 1998, Mara was appointed to work in the British Embassy in Tokyo. ❹ <u>The job was very exciting.</u> ❺ She even had opportunities to work as a translator for Margaret Thatcher, the ~~before~~ former British prime minister. ❻ At the same time, her enthusiasm for running was becoming bigger ~~or~~ and bigger. ❼ When she was 29, she decided that she should try becoming a runner now, or she would never be a top athlete. ❽ After ~~she~~ finishing her duties in Japan, she switched to part-time work to pursue her

career as an athlete.

❶ decide は目的語に不定詞のみを取る動詞。
❷ 「keep ＋ –ing」で、「〜し続ける」という意味。ひとまとまりで覚えよう。
❸ マーラが誰かを任命したのではなく、マーラ自身が任命されたので、受動態が適切。
❺ before には名詞を修飾する形容詞の用法はない。「former ＋役職」という表現はニュースなど でも頻出なので覚えておこう。
❻ 「比較級＋ and ＋比較級」で「ますます〜」という定形表現。
❼ 文脈上、would の後に never や not などの否定語が必要。
❽ 「前置詞 after ＋動名詞」で「〜した後で」の意味。意味上の主語がつく場合は原則として所有格 になるが、この場合は主節の主語と同一で明らかなため必要ない。

IV

❶ <u>The more food</u> you eat, <u>the more weight</u> you will gain.

❷ The teacher got angry because Sarah <u>kept talking during class</u>.

❸ <u>I was appointed to be a member of</u> the student council.

❹ The economic power of China <u>is getting [growing] stronger and stronger</u>.

Unit 11

Round 5 Speaking & Writing

II (解答例)

❶ マーラが外交官として働いていたとき、何が問題でしたか。
The more work she was assigned, the more difficult it became for her to keep training.

❷ マーラは、日本での職務が終わった後、どうしましたか。
She swithed to part-time work (in order to pursue her career as an athlete).

III (解答例)

After she started working, Mara continued training. She hoped to become a top athlete someday. However, it was difficult to work and train at the same time. In 1998, Mara was appointed to work in the British Embassy in Tokyo. The job was exciting, but her enthusiasm for running was getting bigger and bigger. When she was 29, Mara decided to try becoming a runner and switched to part-time work.

066

今井先生の
英語のお悩み相談室 ❽

「なぜ英語を勉強しなければならないのですか」

生徒：英語自体があまり好きになれず、受験に必要なので仕方なく勉強しています。英語って、そもそも勉強しなければなりませんか。
今井先生：英語の重要性を考える前に、人間の学びについて考える必要があります。人間が他の動物と大きく違うのは、誰もが学びを行う点でしょう。学んで何かを得る、という体験は、他のものには代えがたい貴重な経験です。まずその点に気づいてほしいと思います。私も学びの大切さをひしひしと感じています。

　とはいえ、英語が嫌いな場合、「受験に必要なので仕方がない」という思いで学習するのはつらいと思います。でも、視点を変えてみてください。日本の外にも広い世界が広がっており、さまざまな人々が、英語や他の言語を使って学んだり、仕事をしたり、映画を見たり、音楽を聴いたりして生活しています。英語は、そうした人々とあなたをつないでくれるコミュニケーションの道具なのです。**英語を学ぶことで、映画、音楽、読書、旅行、そしてビジネス、研究、政治まで、あなたが活躍することのできる場所が日本だけでなく、世界中に広がります。**たった一度の価値ある人生に英語がもたらす影響は大きいに違いありません。人生は思ったより短いものです。今を大切にして、素晴らしい未来を作りましょう。

Unit 12

Round ① Vocabulary & Useful Expressions

I

❶ employee 〔n〕 = **ⓑ** a worker paid by a company
従業員、社員 ＝ 企業からの支払いを受けている労働者

❷ get married = **ⓔ** to become a couple officially recognized by the law
結婚する ＝ 法律で公式に認められた夫婦になる

❸ encourage 〔v〕 = **ⓐ** to give a person emotional support to do something
〜を勧める ＝ 人に、何かをするための精神的な支えを与えること

❹ chase 〔v〕 = **ⓒ** to try to follow and get something
〜を追求する ＝ 何かを追いかけて得ようとする

❺ focus 〔v〕 = **ⓖ** to pay close attention (or effort) to something
集中する ＝ 何かに細心の注意（や努力）を向ける

❻ resign 〔v〕 = **ⓓ** to stop working for a company or person
辞職する ＝ 企業や人のために働くことをやめる

❼ comment 〔v〕 = **ⓕ** to give your opinion or idea
コメントする ＝ 意見やアイデアを言う

II

❶ Jack and Rose (fell) (in) (love) on a ship.

❷ My aunt often (took) (care) (of) me when I was young.

❸ Beth learned (how) (to) (cook) curry from her mother.

> 「how＋to不定詞」で、「どのように〜すべきか」転じて「〜する方法」という意味になる。

❹ (Without) (your) (help), I could not have finished the report.

> 仮定法過去完了の文だが、条件がif節で表現されずに、withoutで始まる副詞句で表されている。if節に書き換えた場合、if it had not been for your help（もしあなたの助けがなかったら）となる。

全文訳

日本滞在中、マーラは証券会社で働く成俊（しげとし）という男性に出会いました。2人は恋に落ち、結婚しました。成俊は、妻が家にいて彼の世話をしてくれることを望みませんでした。それよりも彼は、マーラに夢を追いかけるように勧めました。マーラがトレーニングに集中するため英国に戻ると、成俊は仕事を辞め、英国に行き、妻を支えました。後に、彼は独学で運動選手のコーチの仕方を学び、マーラのコーチ兼マネジャーになりました。2008年の1月に、マーラは大阪国際女子マラソンに優勝し、その後北京オリンピックで6位に入賞しました。彼女は夫の支えがなかったら、これは成し遂げられなかっただろう、とコメントしました。マーラと成俊は、夢を実現するために、今もトレーニングをしています——そして、マーラが2012年のロンドン・オリンピックに出場することを願っています。

---

❶ [×]

（訳）　マーラの夫、成俊は、彼女が出会ったときコンピューター会社で働いていた。

（解説）2行目に、「証券会社の社員だった」とある。

❷ [×]

（訳）　トレーニングに集中するためにマーラが英国に戻ると、成俊は日本に残った。

（解説）5～6行目の記述と矛盾する。

❸ [○]

（訳）　成俊は、1人でスポーツ選手のコーチの仕方を学んだ。

（解説）7行目の記述と一致。

❹ [○]

（訳）　マーラは、成俊の支えがなかったら、大阪国際女子マラソンで優勝できなかっただろうと思っている。

（解説）10～11行目の記述と一致。

Round ④ Review Exercises

Ⅱ

❶ During her stay in Japan

❷ an employee at a securities company

❸ did not want his wife to stay at home and take care of him

❹ encouraged Mara to chase her dream

❺ Mara went back to Britain to focus on training

❻ taught himself how to coach an athlete

❼ finished in sixth place at the Beijing Olympics

❽ would not have been possible

❾ to make their dream come true

❿ compete in the London 2012 Olympics.

Ⅲ

❶ During ~~she~~ her stay in Japan, Mara met a man named Shigetoshi, an employee at a securities company. ❷ They fell in love and got married. ❸ Shigetoshi did not want his wife ~~staying~~ to stay at home and take care of him; instead, he encouraged Mara to chase her dream. ❹ When Mara went back to Britain to focus on training, Shigetoshi resigned from his job, went to England and supported his wife. ❺ Later, he taught ~~him~~ himself how to coach an athlete and became Mara's coach and manager. ❻ In January 2008, Mara ~~winned~~ won the Osaka International Ladies Marathon and then finished in sixth place at the Beijing Olympics. **7** She commented

that without her husband's support, this would not ~~be~~ have been possible.

8 Mara and Shigetoshi are still training to make their dream ~~to~~

come true —— and hope Mara will compete in the London 2012

Olympics.

1 during は名詞や代名詞を導いて副詞句を作る前置詞。主語と動詞を持つ節を導くことはできないので、"During she stay ..." とはならない。接続詞 while に書き換えれば、"While she stayed ..." となる。

3 want は to 不定詞のみを目的語に取り、動名詞は取らない。

4 focus は、「焦点を合わせる」「集中する」という意味の場合は自動詞のため、前置詞 on が必要。

5 主語のする動作の目的語が主語自身の場合、目的語には再帰代名詞を使用する。

6 win の過去形に注意。won が正しい。

7 ここでは過去の事実についての仮定を表現しているので、仮定法過去完了になる。

8 「使役動詞＋ O ＋原形不定詞」で「O に〜させる」という意味。to は不要。

Ⅳ

1 They <u>fell in love at first sight.</u>

2 Thank you very much <u>for taking care of my daughter.</u>

3 I don't know <u>how to solve this problem</u>.

4 <u>Without his support</u>, I <u>couldn't have finished</u> the project.

PART 1

PART 2

PART 3

PART 4／Unit 12

Round ❺ Speaking & Writing

Ⅱ （解答例）

❶ マーラが日本にいるとき、彼女に何が起きましたか。
During her stay in Japan, she met a man named Shigetoshi. They fell in love and got married.

❷ マーラが英国に帰ったとき、成俊はどうしましたか。
He resigned from his job, went to England and supported his wife.

Ⅲ （解答例）

During her stay in Japan, Mara met a man named Shigetoshi. They fell in love and got married. Shigetoshi supported his wife in chasing her dream. Later, he taught himself how to coach an athlete and became Mara's coach and manager. With his support, in 2008, Mara won the Osaka International Ladies Marathon. They are still training, and hope Mara will compete in the London 2012 Olympics.

❶ 高校中級～上級レベル

At the age of 15, I was deeply involved in playing tennis . I started tennis after I entered junior high school. At first, I could not play it well. But by the time I became a third-grader, my tennis skills had improved a lot. I enjoyed playing tennis every day after school.

On the other hand, I had to prepare for the high school entrance examination. My grades were not good enough to enter the school I wanted. My parents said that I should quit playing tennis and focus on studying.

Finally, I decided to continue tennis, but I also studied hard. I read school textbooks every day over and over, and I almost memorized all the textbooks. This helped me a lot when I took the high school entrance exam. I played tennis by mid fall, and passed the exam, too. Now I am a student of ALC High School and belong to the tennis club.

❷ ネイティブ・スピーカーレベル

At the age of 17, I was thinking deeply about my interests. I realized that I would soon have to choose a major at university. At that time, I was in love with painting, and my teacher was encouraging me to paint. I was good at it, too.

On the other hand, my family hoped I would study management. They didn't believe I could make enough money by painting. And I knew it would be a difficult choice.

Finally, I chose to study art history, because it would let me study art and give me the opportunity to keep painting. But it also led to a job in a gallery, and today I am director of this museum.

重要語句チェックリスト

本書で学習した語句がしっかり覚えられたかどうかチェックしましょう。

英語の定義	単語	日本語訳	*
☐ a person who fixes medical problems	doctor	医者	1
☐ to feel pain	hurt	痛む	1
☐ the big joint in the middle of your arm	elbow	肘	1
☐ the part of your face below your mouth	chin	顎	1
☐ the big joint in the middle of your leg	knee	膝	1
☐ the joint that connects your foot to your leg	ankle	くるぶし	1
☐ a special track built for cars to drive on	road	道路	2
☐ a black and white bird which cannot fly and lives around the South Pole	penguin	ペンギン	2
☐ a policeman or policewoman	(police) officer	警察官	2
☐ a place where various animals are kept for visitors to come and look at them	zoo	動物園	2
☐ to say yes	agree	〜に同意する	2
☐ to answer	reply	返事をする	2
☐ to stop working when a person gets old	retire	退職する	3
☐ to change the place where you live	move	引っ越す	3
☐ the time when students do not have school	vacation	休暇	3
☐ not far away	nearby	近くの	3
☐ a sound people do not want to hear	noise	騒音	3
☐ to use something in a bad way	waste	〜を浪費する	3
☐ to give a name to somebody or something	name	〜に名前をつける	4
☐ a mark left on your skin after you hurt yourself	scar	傷跡	4
☐ to accept an animal or a child from outside your family as a family member	adopt	〜を引き取る	4
☐ a place where people or animals can stay safely	shelter	避難所	4
☐ very afraid	terrified	おびえて	4
☐ very big	huge	巨大な	4
☐ to become unable to be seen	disappear	消える	4
☐ to try to find something or somebody	look for	〜を探す	5
☐ to decide to stop doing something without reaching the goal	give up	〜を諦める	5
☐ to say to others that you will definitely do something	promise	〜を約束する	5
☐ an institution where people study for a degree after finishing high school	university	大学	5
☐ a green soft plant which is often laid in private gardens, parks or fields	grass	芝生	6
☐ having too much weight	fat	太った	6
☐ to become aware of something	notice	〜に気がつく	6
☐ to tell somebody about something in detail	explain	〜を説明する	6
☐ to go where you cannot be found	hide	隠れる	6
☐ the person who possesses something	owner	持ち主、飼い主	6

英語の定義	単語	日本語訳	*
☐ to make lines or pictures on paper	draw	〜を描く	7
☐ having a long history	traditional	伝統的な	7
☐ to have respect towards someone or something	admire	〜を立派だと思う	7
☐ the formal Japanese way to make tea	tea ceremony	茶道	7
☐ to like something very much	be crazy about	〜に夢中である	7
☐ when the road is full of cars and you cannot drive smoothly	traffic jam	交通渋滞	8
☐ based in the area where you live	local	地元の	8
☐ to go around in a circle	revolve	回転する	8
☐ very fashionable	trendy	最新流行の	8
☐ the newest	latest	最新の	8
☐ to find out new things	discover	〜を発見する	9
☐ a country different from the one you are born in or are a citizen of	foreign country	外国	9
☐ to be at a certain event	attend	〜に出席する	9
☐ a ceremony where people gather to say farewell to a dead person	funeral	葬式	9
☐ to have something together with others	share	〜を分かち合う	9
☐ proof that a student has graduated university successfully	degree	学位	10
☐ very famous, high-ranked	prestigious	名声のある	10
☐ an academic field which studies how humans see and understand the world	philosophy	哲学	10
☐ the overall condition of a certain place	environment	環境	10
☐ a person who competes in sports	athlete	スポーツ選手	10
☐ a person who represents his/her country in a foreign country	diplomat	外交官	10
☐ to give someone some work or responsibility	assign	〜を割り当てる	11
☐ a building where an ambassador and diplomats work	embassy	大使館	11
☐ a chance to do something	opportunity	機会	11
☐ a person who helps people who speak different languages communicate with each other	translator	通訳者	11
☐ a strong feeling of interest in something	enthusiasm	情熱	11
☐ to try to get something, such as a goal or outcome	pursue	〜を追求する	11
☐ a worker paid by a company	employee	従業員、社員	12
☐ to become a couple officially recognized by the law	get married	結婚する	12
☐ to give a person emotional support to do something	encourage	〜を勧める	12
☐ to try to follow and get something	chase	〜を追求する	12
☐ to pay close attention (or effort) to something	focus	集中する	12
☐ to stop working for a company or person	resign	辞職する	12
☐ to give your opinion or idea	comment	コメントする	12

重要表現チェックリスト
本書で学習した表現がしっかり覚えられたかどうかチェックしましょう。

日本語	英語	答え	*
☐ 私の体は、どこを触っても痛い。	My body hurts 〔　〕 I touch it.	wherever	1
☐ あなたのパスポートを見せてください。	〔　〕 〔　〕 your passport.	Show me	1
☐ 妹は突然泣き出した。	My sister suddenly 〔　〕 〔　〕 〔　〕.	started to cry	1
☐ ジョージは何が問題かが分かっている。	George knows 〔　〕 the problem is.	what	1
☐ 先生は生徒たちを体育館に連れていった。	The teacher 〔　〕 the students 〔　〕 the gym.	took, to	2
☐ ケイトはその教室の後ろに座っていた。	Kate was sitting in the 〔　〕 〔　〕 the classroom.	back of	2
☐ 母は私に宿題をするように言った。	My mother 〔　〕 me 〔　〕 do my homework.	told, to	2
☐ 私の家は公立図書館の隣にある。	My house is 〔　〕 〔　〕 the public library.	next to	3
☐ 3週間後、ケンタは北海道に旅立った。	Three 〔　〕 〔　〕, Kenta left for Hokkaido.	weeks later	3
☐ 私はこの歌を聞くと、祖母を思い出す。	This song 〔　〕 me 〔　〕 my grandmother.	reminds, of	3
☐ 私の友人のうちの1人は、ロンドンに住んでいます。	〔　〕 〔　〕 my friends lives in London.	One of	3
☐ 私たちは今週末に映画を見に行こうと思っています。	We 〔　〕 〔　〕 〔　〕 see a movie this weekend.	are going to	3
☐ 私はポチという名の猫を飼っている。	I have a cat 〔　〕 Pochi.	named	4
☐ スミス夫妻は、海外から養子を迎え入れた。	Mr. and Mrs. Smith 〔　〕 a child 〔　〕 overseas.	adopted, from	4
☐ タロウはお母さんを怖がっている。	Taro 〔　〕 〔　〕 〔　〕 his mother.	is terrified of	4
☐ 私は今夜出かける予定です。	I'm going to 〔　〕 〔　〕 tonight.	go out	5
☐ 父は眼鏡を探している。	My father is 〔　〕 〔　〕 his glasses.	looking for	5
☐ 紅茶をもう一杯いただけますか。	Can I have 〔　〕 cup of tea?	another	5
☐ その宿題がとても難しかったので、私は勉強するのを諦めた。	I 〔　〕 〔　〕 studying because the homework was very difficult.	gave up	5
☐ ヨウコは母親にとてもよく似ている。	Yoko 〔　〕 a lot 〔　〕 her mother.	looks, like	6
☐ タカシは、双子の弟のタケシより少しだけ背が高い。	Takashi is 〔　〕 〔　〕 〔　〕 than his twin brother, Takeshi.	a little taller	6
☐ 私は文化祭で先生がギターを弾いているところを見た。	At the school festival, I 〔　〕 our teacher 〔　〕 the guitar.	saw, playing	6
☐ いったいぜんたい、昨日君に何が起こったの？	What 〔　〕 〔　〕 〔　〕 happened to you yesterday?	in the world	7
☐ 最初に出会ったとき、トムはレベッカに引かれた。	Tom 〔　〕 〔　〕 〔　〕 Rebecca, when they first met.	was drawn to	7
☐ 私はアイスクリームが大好きだ。	I 〔　〕 〔　〕 〔　〕 ice cream.	am crazy about	7

日本語	英語	答え	*
☐ プレゼントを開けるのが待ちきれません。	I ( )( )( ) open the present.	can't wait to	7
☐ 私は修学旅行で沖縄に行くのを楽しみにしている。	I'm ( )( )( ) going to Okinawa on a school trip.	looking forward to	8
☐ アキラはサッカーに夢中になった（＝サッカー中毒になった）。	Akira ( )( )( ) soccer.	got addicted to	8
☐ ホームステイをするときには、自分の英語を試してみるべきだ。	When you do a homestay, you should ( )( ) your English.	try out	8
☐ つまり、人はいつも失敗することにより学ぶことができるのです。	( )( )( ), people can always learn by making mistakes.	In other words	8
☐ 私は遊園地でジェットコースターに乗るのを楽しんだ。	I ( )( ) the roller coaster at the amusement park.	enjoyed riding	8
☐ あなたに、特別なものをあげましょう。	I'll give you ( )( ).	something special	9
☐ 私は黒い猫が通りを横切るところを（最初から最後まで）見た。	I ( ) a black cat ( ) the road.	saw, cross	9
☐ チョコレートは複雑な味がします。甘かったり、苦かったり、ミルクの味がしたりします。それが、私がチョコレートを好きな理由です。	Chocolate has complicated tastes. It can be sweet, bitter or milky. ( )( ) I like it.	That's why	9
☐ 私は、姉がそのレースで優勝したことを誇りに思っている。	I ( )( )( ) my sister for winning the race.	am proud of	9
☐ ジルが私の家に来たとき、私はまさに出かけようとしていたところだった。	I ( )( )( ) go out when Jill came to my house.	was about to	10
☐ 彼は恋と友情の板挟みになっていた。	He ( )( ) between love and friendship.	was torn	10
☐ 私の英語はあなたに教えるほどはうまくない。	My English is not ( )( ) to teach you.	good enough	10
☐ ルイーズは大学のカフェテリアで働いて生計を立てている。	Louise ( )( )( ) by working at a college cafeteria.	makes her living	10
☐ 本を読めば読むほど、知識が増える。	( )( ) books you read, the more knowledge you get.	The more	11
☐ ゴールした後も、マヤは走り続けた。	After crossing the finish line, Maya ( )( ).	kept running	11
☐ 私は会議の進行を任された。	I ( )( )( ) chair the meeting.	was appointed to	11
☐ 日ごとに日照時間がますます長くなってきている。	The daylight is lasting ( )( )( ) day by day.	longer and longer	11
☐ ジャックとローズは船の上で恋に落ちた。	Jack and Rose ( )( )( ) on a ship.	fell in love	12
☐ 伯母は私が幼かった頃にしばしば私の面倒を見てくれた。	My aunt often ( )( )( ) me when I was young.	took care of	12
☐ ベスは母にカレーの作り方を教えてもらった。	Beth learned ( )( )( ) curry from her mother.	how to cook	12
☐ あなたの助けがなかったら、そのレポートを書きあげることはできなかっただろう。	( )( )( ), I could not have finished the report.	Without your help	12